O poder da ATITUDE

CARO LEITOR,
Queremos saber sua opinião sobre nossos livros.
Após a leitura, curta-nos no facebook/editoragentebr,
siga-nos no Twitter @EditoraGente
e visite-nos no site www.editoragente.com.br.
Cadastre-se e contribua com sugestões,
críticas ou elogios.
Boa leitura!

Alexandre Slivnik

Prefácio de Roberto Shinyashiki

O poder da ATITUDE

Como empresas com
profissionais extraordinários
encantam e transformam
clientes em fãs

GERENTE EDITORIAL
Alessandra J. Gelman Ruiz

EDITORA DE PRODUÇÃO EDITORIAL
Rosângela de Araujo Pinheiro Barbosa

CONTROLE DE PRODUÇÃO
Elaine Cristina Ferreira de Lima

ASSESSORIA EDITORIAL
Gilberto Cabeggi

PREPARAÇÃO DE TEXTO
Bete Abreu

PROJETO GRÁFICO E DIAGRAMAÇÃO
Sandra Oliveira

REVISÃO
Malvina Tomáz

CAPA
Nicholas Pedroso

IMAGENS DE CAPA
iStockphoto

IMPRESSÃO
Gráfica Loyola

Copyright © 2012 by Alexandre slivnik

Todos os direitos desta edição são reservados à Editora Gente.

Rua Natingui, 379 — Vila Madalena, São Paulo, SP — CEP 05443-000

Telefone: (11) 3670-2500

Site: www.editoragente.com.br E-mail: gente@editoragente.com.br

Este livro é integralmente baseado na grande vivência do autor sobre o mundo Disney de excelência.

Dados Internacionais de Catalogação na Publicação (CIP)
(Câmara Brasileira do Livro, SP, Brasil)

Slivnik, Alexandre
   O poder da atitude : como empresas com profissionais extraordinários encantam e transformam clientes em fãs / Alexandre Slivnik. — São Paulo : Editora Gente, 2012.

Bibliografia.
ISBN 978-85-7312-788-1
1. Administração de empresas 2. Atitude (Psicologia) 3. Carreira profissional - Desenvolvimento 4. Desenvolvimento profissional 5. Sucesso profissional 6. Talentos I. Título.

12-06239   CDD-650.14

Índice para catálogo sistemático:
1. Carreira profissional : Desenvolvimento : Administração 650.14

Este livro é dedicado à minha família, que soube entender,
respeitar e apoiar esse meu momento profissional!

Agradecimentos

Aos meus filhos, Leonardo e Beatriz, por me ensinarem que o melhor mesmo é ser criança, **sempre**!

A minha esposa, Tatiana, pelas incansáveis horas de troca de ideias, angústias, frustrações e felicidades!

A minha mãe, Milena, que esteve ao meu lado durante toda a construção deste sonho. Sei que hoje continua olhando por mim, esteja onde estiver.

Ao meu pai, Vanderlei, por cultivar, ao longo dos meus 30 anos, o que tenho de mais importante: **meus valores**!

Aos meus irmãos, Igor e Adriana, companheiros eternos.

Ao meu querido amigo, Roberto Shinyashiki, por acreditar no meu sonho e ser o maior incentivador deste projeto.

Aos amigos Alessandra Ruiz, Gilberto Cabeggi, Rosely Boschini e Tatiane Leiser, queridos e fiéis conselheiros na construção deste trabalho.

8 • O poder da atitude

Aos amigos que fizeram as leituras críticas e me ajudaram a corrigir rotas para chegar ao resultado esperado.

Aos colaboradores da ABTD e do IDEPRO, que sempre acreditaram e viabilizaram meu sonho de transformar atendimento em resultados.

Agradeço a todas as pessoas com as quais já tive contato até hoje, pois com elas pude aprender muito e entender que não se constrói nada sozinho.

"Você pode sonhar, criar e construir o lugar mais maravilhoso do mundo, mas é preciso ter pessoas para tornar esse sonho uma realidade."
Walt Disney

Sumário

Prefácio 13

Introdução 17

Capítulo 1 – A riqueza das organizações 23
    Os talentos comprometidos são o diferencial 27
    O que o mercado procura 30
    Não bastam habilidades 33
    O valor dos talentos 35
    O perigo de desprezar valores 37

Capítulo 2 – O profissional extraordinário 41
    Os modelos certos 44
    Autoridade legítima 46
    O que faz um profissional extraordinário 50

10 • O poder da atitude

Garra e ambição para ser brilhante 53
Atitudes para se destacar 55

Capítulo 3 – Como fazer clientes tornarem-se fãs 61
O modelo de Walt Disney 63
O ciclo da excelência 65
Liderança excelente 67
Colaboradores excelentes 68
Clientes satisfeitos 70
Resultados extraordinários 72

Capítulo 4 – Use o modelo de excelência
no seu negócio 75
As cinco lições de excelência 78
Lição 1 – Use o poder da história 78
Lição 2 – Antecipe-se aos problemas 81
Lição 3 – Exceda as expectativas 84
Lição 4 – Cuide obsessivamente dos detalhes 87
Lição 5 – Celebre cada sucesso 90
Exercícios práticos 93

Capítulo 5 – O time dos colaboradores de excelência ...99
O profissional extraordinário é triplo A 100
Ambição 100
Autoconfiança 102
Audácia 103
A medida certa do profissional triplo A 106
Teste do triplo A 109

**Capítulo 6 – Os sete segredos do profissional
extraordinário** 111

1º Segredo: Autoconhecimento e alinhamento
de carreira 111

2º Segredo: Coerência nas ações 115

3º Segredo: Base de crenças e de atitudes 116

Querer ser 117

Acreditar que pode ser 118

Preparar-se para ser 119

Empenhar-se e persistir para ser 120

4º Segredo: Adequação e *timing* 123

5º Segredo: Relacionamentos favoráveis 126

6º Segredo: Conexão e atualização 127

7º Segredo: Rota em constante ajuste 129

Capítulo 7 – Seja extraordinário 133

O número 1 133

Assuma responsabilidades 134

Pratique as qualidades valorizadas 136

Construa já o seu sucesso 139

**Palavras finais. Extraordinários fazem
o mundo melhor** 141

Referências bibliográficas 145

Prefácio

Todos os líderes das empresas têm de saber quem são os profissionais imprescindíveis na sua equipe e, principalmente, como formar, contratar e reter esses profissionais.

Nos dias de hoje, no meio empresarial, o grande diferencial competitivo das empresas são as pessoas. Mas não todas as pessoas, porque profissionais todas as empresas têm. O diferencial são as pessoas que fazem acontecer. São os "fora de série".

Minha tese de doutorado na FEA-USP foi sobre gestão de crises, e eu usei o exemplo do acidente com o Fokker 100 da TAM, ocorrido em 1996, no tristemente famoso voo 402. Para conhecer melhor como eles administraram a crise da queda do avião, entrevistei o engenheiro Luis Eduardo Falco, coordenador principal durante as crises na empresa, visto que o comandante Rolim estava fora do país.

14 • O poder da atitude

Quando perguntei a ele qual foi a sua primeira ação, Falco me respondeu: "Pensei em quem seriam as pessoas que formariam o grupo central para administrar a situação. Pensei em todas as pessoas possíveis e escolhi treze delas. E eu tinha certeza de que elas suportariam toda a pressão e saberiam como agir". Como resultado da ação dessas pessoas, a TAM conseguiu ainda ser eleita como a empresa do ano, apesar de aquela tragédia ter ocorrido.

São exatamente as empresas com profissionais extraordinários que encantam e transformam clientes em fãs e tornam sua presença no mercado definitiva. Mas nem sempre as empresas valorizam seus funcionários como deveriam. Raramente elas percebem ou reconhecem que funcionários dedicados e comprometidos podem fazer uma grande diferença no seu posicionamento no mercado.

Neste livro, O *poder da atitude*, Alexandre Slivnik vem mostrar a enorme importância que existe em descobrir e valorizar o potencial de sua equipe e estimulá-la a construir relacionamentos poderosos com seus clientes.

Alexandre Slivnik é diretor da Associação Brasileira de Treinamento e Desenvolvimento (ABTD). Há muito tempo venho acompanhando seu trabalho e já tive o imenso prazer de estar ao lado dele, desenvolvendo juntos alguns projetos. Uma das melhores características de Alexandre é querer sempre a superação, a excelência, e sua capacidade de estimular todos que convivem com ele a também se envolverem nessa aventura importantíssima.

Alexandre defende a ideia de que a excelência para encantar clientes é o que realmente faz a diferença no mundo dos negócios. E que essa excelência é encontrada dentro das empresas, naqueles funcionários que ele costuma chamar de "extraordinários".

O profissional extraordinário é aquele que tem atitudes extraordinárias e, por isso mesmo, gera o diferencial competitivo da sua empresa no mercado. Ter diferencial competitivo é oferecer aos clientes algo que faz você ser único e que os clientes valorizam e desejam. É concentrar esforços no atendimento ao cliente e se destacar por estar entre os melhores nesse quesito.

Slivnik faz questão de deixar clara a sua paixão pela gigante Disney (depois de conhecer o complexo empresarial como turista, fez diversos cursos e uma imersão de meses no sistema das empresas, para entender a filosofia de trabalho delas). É hoje um dos maiores especialistas em excelência Disney no Brasil. Inclusive, ele criou e conduz um programa para levar executivos e empresários brasileiros para conhecer a Disney e seu maravilhoso sistema de administração.

Por que essa paixão? Porque hoje a Disney é o maior exemplo de empresa que possui fãs incondicionais. É um dos lugares no mundo onde existe a maior concentração de profissionais extraordinários, a serviço de prestar um atendimento excelente ao cliente.

Meu amigo Alexandre Slivnik traz para você, neste livro, não só a oportunidade de conhecer os conceitos e as atitudes que moldam as empresas gigantes do sucesso, mas também oferece ferramentas poderosas para você se tornar um profissional extraordinário e fazer uma diferença significativa na sua carreira e na empresa em que trabalha.

Este é um presente dele para você, que também acredita que pode ir muito além do que a maioria dos profissionais arrisca ao menos sonhar.

Se você quer ter uma empresa sensacional, vai precisar de colaboradores extraordinários, fora de série. Nesse caso, ler este livro do Slivnik é fundamental.

Roberto Shinyashiki
Psiquiatra, escritor e palestrante

Introdução

N os dias de hoje, no meio empresarial, parece que há poucas vagas para quem deseja o sucesso. A concorrência está cada vez mais acirrada e continuar competindo passou a ser sinônimo de sobrevivência.

W. Chan Kim e Renée Mauborgne, autores do *best-seller* mundial A *estratégia do oceano azul*, afirmam que "o segredo não é esmagar a concorrência, mas torná-la irrelevante". O problema é que, no panorama atual, alcançar o chamado "oceano azul", no qual a concorrência é praticamente nula, não é, necessariamente, garantia de sucesso, pois a tendência é que os concorrentes copiem sua postura, suas ideias e seus produtos – e aí é preciso começar tudo de novo.

Por isso, para ser realmente competitivo, é preciso ter a postura dos que eu chamo de *profissionais extraordinários*. São empresários, profissionais e organizações que estão acima de qualquer concorrência por prestarem um serviço infinitamente

18 • O poder da atitude

melhor que os outros, por vezes até incomparável, sem outra referência que lhes faça sombra.

Cada vez mais a tecnologia iguala as condições de experiência de cliente no mercado. Os segredos organizacionais do passado já não garantem o sucesso por muito tempo, pois as novidades são rapidamente replicadas pela maioria das companhias, e o que antes era diferencial hoje se torna *commodity*. Ter diferencial competitivo, portanto, é oferecer aos clientes algo que faz você ser único, e que eles valorizam e desejam. Para ser único, para se juntar aos extraordinários, o mundo organizacional busca desesperadamente profissionais sensacionais, que ajudem a gerar um diferencial nas organizações para que elas de fato se destaquem das outras.

Negócios extraordinários e empresas sensacionais não têm clientes, mas fãs. O que transforma as empresas é, principalmente, a qualidade e a atitude dos profissionais que trabalham para elas, visando sempre trazer a melhor experiência possível para seus clientes. É essa experiência de qualidade lendária, célebre, que é valorizada pelos consumidores da marca e que se traduzirá em valor para a companhia.

Portanto, elevar o padrão de qualidade dos seus funcionários é valorizar sua empresa em todos os sentidos. Apple, Facebook, Amazon, Pixar, Google, Dreamworks, Fedex e Microsoft são ótimos exemplos de empresas que possuem fãs. Não há dúvida de que todas essas companhias – e mais dezenas de outras que ocupam os primeiros lugares nos *rankings* de melhores empresas – valorizam em primeiro lugar o cliente, seja ele interno ou externo, buscando entregar a ele a melhor qualidade possível de produtos e serviços.

Na minha visão, a expressão máxima de fornecer uma experiência de qualidade para os clientes é a conseguida pela Disney. Com sua gestão voltada para recursos humanos em todos os sentidos, a Disney se transformou no maior complexo de entretenimento do mundo, com parques temáticos, *resorts*, filmes, vídeos, canais de TV (ESPN e ABC) e produtos de consumo. Fundada pelo famoso Walt Disney, a empresa, que tem um valor de mercado de aproximadamente 40 bilhões de dólares, faturou em 2010 cerca de 4 bilhões de dólares líquidos, segundo dados divulgados.

Com seus cerca de 130 mil colaboradores, a maior preocupação dessa *holding* são as pessoas, tanto as que trabalham com ela quanto as que usufruem de seus produtos e serviços.

Em publicações do Disney Institute, não é difícil encontrar citações que atestam o foco no comportamento de seus colaboradores, que deve ser, sempre, a busca da perfeição:

> Uma organização de sucesso depende do desempenho de seus funcionários. A cada dia, todos aqueles que trabalham conosco têm oportunidade de ultrapassar seus limites e criar um ambiente perfeito para os clientes. Para isso, no entanto, precisam ser bem orientados pelos líderes, que devem implantar esta estratégia: os valores e a paixão pela Disney que fazem todos os nossos *"cast members"* caminhar na mesma direção.

Outro exemplo da conduta da companhia está na frase de John Hench, um de seus executivos, morto em 2004:

20 • O poder da atitude

Qual é a nossa fórmula de sucesso? É dar atenção aos menores detalhes, às mínimas coisas, aos nossos menores problemas. Tão pequenos que outras empresas consideram que não devem investir dinheiro ou perder tempo e gastar energia com eles.

Visitei o complexo Disney, na Flórida, inicialmente como turista, em 2001, e voltei diversas vezes. De tão encantado com o serviço prestado e com a experiência vivida em todas as minhas viagens, resolvi ir até lá mais outras tantas vezes, de início para lazer, mas depois profissionalmente, para entender e estudar como a empresa conseguia prestar um serviço tão qualitativo para tanta gente de todas as idades.

Tive a oportunidade, então, de fazer cursos no Disney Institute para aprender os princípios que norteiam um atendimento incomparável e transformam essa organização em absoluta no seu segmento.

Após absorver seus métodos e suas ideias, resolvi aplicar nas organizações das quais sou diretor – o Instituto de Desenvolvimento Profissional (IDEPRO) e a Associação Brasileira de Treinamento e Desenvolvimento (ABTD) – as técnicas utilizadas pelo "jeito Disney de ser". Para minha admiração, as empresas tiveram saltos quantitativos e qualitativos percebidos por todos os que estavam ao redor, colaboradores, clientes e concorrentes. Em dois anos, praticamente multiplicamos por três o número de clientes atendidos. Neste livro, você terá acesso a diversos segredos e processos que eu pude aprender a vivenciar na Disney.

Hoje, além de implantar essa excelência em diversas empresas, levo anualmente vários grupos para aprender no complexo Disney como fazer clientes tornarem-se fãs com uma experiência inesquecível como consumidores de uma marca.

Por tudo isso, resolvi escrever este livro para ajudar você a multiplicar seu sucesso, mostrando como se juntar aos extraordinários. Para as organizações, mostro como é possível elevar a qualidade do serviço prestado a patamares nunca antes pensados. E para os profissionais, indico como melhorar a própria qualidade no valor que entregam para as organizações para as quais prestam serviços, para que se tornem muito mais valorizados e isso se reverta em resultados.

Vamos juntos buscar, na sua ambição, a importância de seus objetivos; vamos despertar, na sua autoconfiança, todos os benefícios de um estado de espírito pronto para enfrentar desafios; e vamos estimular todo o seu potencial, ajudando-o a tornar-se audacioso o suficiente para conquistar cada vez mais espaço no mundo corporativo.

O profissional que pensa grande, de forma positiva, e que se empenha em realizar seus maiores pensamentos atinge melhores resultados em um tempo muito menor. Esse é o segredo de criar uma história de sucesso marcante. Atender dessa maneira é, portanto, mais vantajoso para a empresa que para os próprios clientes.

Empresários extraordinários fazem empresas extraordinárias em competitividade. E empresas extraordinárias são compostas por pessoas de qualidade superior. Você está disposto a encarar esse desafio? Então, prepare-se para avançar rumo ao topo e juntar-se aos que sabem o verdadeiro valor do *poder da atitude.*

Capítulo

1

A riqueza das organizações

"Você pode sonhar, criar e construir o lugar mais maravilhoso do mundo, mas é preciso ter pessoas que o ajudem para que esse sonho se torne real."
WALT DISNEY

Não há mais dúvida que, nos dias de hoje, o grande diferencial que uma organização pode ter são as pessoas que trabalham para ela. São os recursos humanos que fazem toda a diferença no mundo corporativo, por mais avanços, recursos e eficiência que uma companhia consiga entregar.

Direta ou indiretamente, são as pessoas que determinam o sucesso ou o insucesso de uma organização. Trabalho há mais de quinze anos na área de recursos humanos e treinamento e, seguramente, já atuei de maneira direta ou não em mais de mil organizações, sempre com foco no elemento humano. Analisando o quadro de colaboradores e conversando com os profissionais das maiores organizações brasileiras, percebi que existe uma situação bastante comum. Existem três tipos de profissionais que movem as organizações. O primeiro deles é o grupo dos que não fazem muita diferença no dia a dia de

24 • O poder da atitude

trabalho. O segundo grupo são os que trabalham, cumprem seu papel e até atingem suas metas, mesmo que não se sintam estimulados a ir além. E o terceiro grupo corresponde aos talentos comprometidos, aos que superam todas as metas e expectativas, promovem inovação, são criativos e agregam novidades. São eles que ajudam a organização a se diferenciar da concorrência e que fazem com que ela desponte sempre na frente. Vou chamá-los aqui de *indiferentes*, *necessários* e *extraordinários*.

> **Indiferentes:** são aqueles colaboradores que pensam mais em benefícios que em dedicação. Praticamente são desnecessários na equipe e, se fossem demitidos, não fariam grande diferença nos resultados da organização. Em muitos casos, os resultados até melhorariam. São os profissionais que apenas fazem parte dos números da empresa, que fazem somente aquilo que consideram que estão sendo pagos para fazer, ou menos, se puderem.

> **Necessários:** são aqueles profissionais que fazem muito bem o trabalho que precisa ser feito, mas não vão muito além disso. Pensam mais na manutenção de sua posição que em uma carreira profissional. Trabalham das 8 às 18 horas, fazem as tarefas com afinco, mas não se atrevem a arriscar um salto mais alto.

> **Extraordinários:** são aqueles que sempre fazem mais, buscam mais e obtêm mais. Pensam sempre em

novos desafios e se envolvem em grandes projetos. São os profissionais que dão o ritmo aos resultados das organizações e por isso recebem os melhores salários. São altamente comprometidos e sempre têm muito claro aonde querem chegar, o que em geral são os pon-tos mais altos no escalão da organização. São os profissionais extraordinários que sempre dão um ou vários passos a mais do que se espera deles.

Em geral, existe nas empresas uma proporção desses três tipos de profissionais que parece se manter. Depois de pesquisas, enquetes e muita observação, cheguei ao que chamo de Regra 50-40-10, ou seja, entre as pessoas que trabalham em uma organização, em geral 50% são indiferentes, 40% são necessários e somente 10% são extraordinários.

É surpreendente notar que grande parte dos colaboradores de uma organização pode ser imediatamente demitida por ser completamente desnecessária para o negócio. Quase a metade é formada por pessoas que tocam o dia a dia e uma mínima parte é composta por profissionais verdadeiramente brilhantes, que fazem sempre mais do que são pagos para fazer.

Também é curioso constatar que, infelizmente, a maior parte dos profissionais empregados hoje em dia não é formada pelos extraordinários, por funcionários brilhantes, sensacionais, mas por gente mediana a ruim.

Os profissionais indiferentes em uma organização lembram-me a história das lagostas. Quando elas estão sobre as pedras, ficam paradas no mesmo lugar quando a maré está

26 • O poder da atitude

baixa, esperando que a água suba de novo para levá-las de volta ao mar. Apenas alguns poucos movimentos e elas teriam o mar inteiro para nadar, mas morrem ao sol, no lugar em que estão, porque não se mexem, porque não esboçam nenhuma reação, não tomam nenhuma atitude para resolver o problema. Apenas esperam a água chegar para sair do lugar. Os profissionais indiferentes somente aguardam o momento de ser demitidos, assim como as lagostas acomodadas na pedra, esperam a morte chegar.

Tenho certeza de que você conhece diversas histórias que ilustram essa proporção de tipos de funcionários em uma empresa. Lembro-me de que, em certa ocasião, estava selecionando um estagiário para iniciar na área de atendimento. Um dos candidatos era especialmente inteligente e resolvi fazer um período de experiência com ele. No entanto, depois de alguns meses, percebi que ele era muito acomodado, não tinha iniciativa e era muito dependente de ordens. Parecia não ter opinião própria, apenas fazia o que eu mandava e não se adiantava a nenhuma necessidade da equipe. Simplesmente "deixava que a vida o levasse", como ele mesmo dizia. Não era o tipo de pessoa que eu me sentia seguro em indicar para uma efetivação. Em vez de ser efetivado, esse funcionário foi dispensado, pois estava contaminando o restante da equipe.

Muita gente é tão indiferente que passa despercebida nas companhias, e até acaba ficando por ninguém notar que sua ausência não faz diferença nenhuma para os resultados.

Os talentos comprometidos são o diferencial

Se são os recursos humanos que determinam o diferencial de uma organização, e se a maioria dos profissionais das empresas é indiferente ou somente necessária, são poucas as pessoas que realmente fazem a diferença em um negócio.

A conclusão lógica é que, em negócios que se destacam muito claramente, há uma proporção maior de pessoas extraordinárias em seus quadros. Veja que estas não são apenas inteligentes ou brilhantes, mas têm um comprometimento que as faz realmente diferentes e essenciais.

No entanto, está muito enraizada em nossa cultura a crença de que o valor individual não é tão importante para uma organização como um todo, ou para determinado círculo de relacionamentos, e muito menos para o mundo. Muito embora as pessoas possam até ter uma tendência à autovalorização, a dificuldade de reconhecer o valor uns dos outros as torna céticas quanto à própria importância.

Em uma enquete que realizei em 2011 com quase mil profissionais, 76% dos entrevistados acreditam que "qualquer um pode ser um profissional insubstituível"; 67% acreditam que "ser um profissional insubstituível só depende deles mesmos"; 15% dos entrevistados se consideram profissionais insubstituíveis em suas empresas e somente 41% acreditam poderem se tornar insubstituíveis.

Acredito muito que os profissionais insubstituíveis são profissionais extraordinários, pois são eles que ditam o ritmo dos negócios, e mesmo em sua ausência, a equipe deles consegue resultados por acreditar em seu legado e segui-lo.

28 • O poder da atitude

Na enquete a seguir (Quadro 1), foram consultadas 944 pessoas. Foi solicitado que assinalassem com um "x" se concordavam ou não com as afirmativas.

Quadro 1: Enquete sobre profissionais insubstituíveis

Proposição	Concordo	Não concordo	Em branco
Ninguém é insubstituível em uma empresa.	64%	35%	1%
Qualquer um pode ser um profissional insubstituível.	76%	23%	1%
Para ser um profissional extraordinário, é preciso saber resolver problemas.	48%	51%	1%
Ter ambição na vida é um aspecto positivo.	92%	7%	1%
A autoconfiança é um aspecto positivo e necessário para um profissional de sucesso.	96%	3%	1%
O importante é competir.	29%	70%	1%
Tenho planos de ser diretor ou presidente da organização em que trabalho.	49%	50%	1%
Ser um profissional de sucesso só depende de mim mesmo.	67%	32%	1%
Eu me considero um profissional insubstituível.	15%	84%	1%
Sinto que tenho potencial para ser um profissional extraordinário.	41%	58%	1%
Quero me tornar um profissional insubstituível.	36%	63%	1%

Fonte: Associação Brasileira de Treinamento e Desenvolvimento (ABTD), 2011.

O mais impressionante foi constatar que somente 36% dos entrevistados afirmaram que "querem se tornar profissionais extraordinários". Isso denota certa resistência a progredir profissionalmente, associada à falta de crença em suas possibilidades ou mesmo ao simples comodismo.

O jornalista Adriano Silva, em artigo de 27 de setembro de 2010 para o portal da revista *Exame* (*Exame.com*), intitulado "Quem não é indispensável será dispensado", afirma: "Seja essencial ao negócio de que participa. É o único jeito de se perpetuar. Quem é essencial tem lugar garantido. Todos os demais vão ficar cada vez mais na incômoda posição de ter de disputar posições na rebarba, na 'bacia das almas', 'pendurados para fora da janela do trem' ou então perigosamente 'perto das portas de saída'".

Isso vale tanto para as organizações como para as pessoas, mas a questão fica evidente em termos de profissionais: por que tantas pessoas adotam uma visão passiva com relação à própria carreira? Por medo das responsabilidades que isso acarreta, ou por acharem que não merecem algo melhor do que já conquistaram ou, ainda, por medo de sair zona de conforto em que se encontram. Afinal, é preciso crescer para ser extraordinário, é preciso ter coragem e atitude para avançar. Dá trabalho mudar.

A passividade fatalmente leva o profissional a se tornar indiferente, e isso significa optar por ser medíocre. Segundo o dicionário, a palavra medíocre significa: médio ou mediano, sofrível; que está entre bom e mau; que está entre pequeno e grande; aquele que tem pouco talento, pouco espírito, pouco merecimento.

30 • O poder da atitude

O profissional indiferente, além de não tomar a frente de ações importantes e manter sua vida profissional à mercê do que os outros empreendem, ainda é hábil em atribuir a culpa de suas falhas a terceiros. Assumir responsabilidades e erros cometidos na tentativa de mudar as coisas é difícil, em especial para aqueles que não são extraordinários nem pretendem ser.

Uma pesquisa realizada pela International Stress Management Association (ISMA-BR) com mil profissionais indica que 47% das pessoas têm comportamento agressivo quando um erro ocorre e tendem a negar sua participação nele. Para os especialistas, atribuir culpa a terceiros indica que a pessoa não tem pleno controle da carreira. "Seja pela dificuldade de assumir os próprios erros, seja pelo medo de mudar, colocar-se como vítima e apontar o dedo para o possível culpado de seus insucessos pode ser um sinal de que sua trajetória profissional está seguindo uma linha descendente", afirma a consultora Camila Mendonça.

O profissional indiferente está condenado a continuar sendo alguém à margem do sucesso e, o que é pior, distanciando a organização em que trabalha do destaque e do êxito.

O que o mercado procura

Cada vez mais as organizações buscam profissionais que decidem, definem, fazem a diferença nos seus resultados. Contudo, o processo de buscar esses profissionais no mercado tem um custo muito alto e atualmente não há garantias de resultados satisfatórios.

Além dos custos de busca e avaliação dos candidatos, a partir do momento em que a organização contrata um profissional,

Alexandre Slivnik • 31

ela terá diversos outros encargos: treinamento sobre cultura e valores organizacionais, treinamento operacional, além da manutenção para um período de adaptação na organização. Tornando a situação ainda mais complicada, um dos grandes problemas hoje é o "apagão de talentos" no mercado. Com isso, muitas organizações estão olhando para o próprio quadro de colaboradores para procurar os extraordinários, justamente pela falta de mão de obra qualificada no mercado de trabalho.

Reter os bons profissionais e ajudá-los a se tornarem extraordinários ainda demanda um investimento muito menor do que buscar novos profissionais no mercado de trabalho. Além de dar muito mais segurança de sucesso, uma vez que o profissional já está inserido na organização, já conhece a cultura e já é conhecido por ela.

É exatamente em decorrência dessa realidade que surgem as melhores oportunidades de progredir na carreira. Afinal, existe a possibilidade de a organização estar buscando entre seus funcionários um futuro profissional extraordinário.

Os profissionais que as organizações buscam precisam ir muito além da qualificação técnica. Eles precisam também de habilidades comportamentais adequadas, que complementam seu conhecimento no seu ramo de negócios e expandem suas possibilidades de atuação. A propósito disso, é uma realidade que grande parte dos *feedbacks* dados aos profissionais se refere muito mais ao seu comportamento do que à sua qualificação técnica. Na maior parte das vezes, pessoas são demitidas por falta de habilidade comportamental.

Para conseguir um bom emprego ou para crescer em uma organização, são importantes a formação acadêmica e a fluên-

32 • O poder da atitude

cia em línguas estrangeiras (inglês e espanhol são praticamente obrigatórios). Contudo, a preocupação em cuidar da própria carreira, ter atitude proativa e ter disposição para aprender também são fundamentais.

Entretanto, talento não basta. Uma das características que ajuda o talento a tornar um profissional extraordinário é o comprometimento. Em 2011, a revista *Você* S/A fez um levantamento com trinta companhias para saber o que elas buscavam quando recrutavam um jovem profissional. O resultado da pesquisa pode ser visto nos quadros a seguir.

Quadro 2: Pesquisa revista *Você S/A* (competência)

Competência	%
Proatividade	67%
Disposição para aprender	47%
Aprendizagem rápida	43%
Flexibilidade	43%
Responsabilidade	43%
Boa reação diante de mudanças	40%
Habilidade para formar alianças	40%
Capacidade de liderar	40%
Reagir bem sob pressão	27%
Habilidade para se comunicar	23%
Maturidade emocional	23%
Poder de influência	13%
Capacidade de arriscar	13%
Assertividade	10%
Capacidade de admitir erros	7%

Já quando perguntados sobre os pontos mais importantes quanto à qualificação dos empregados, o resultado apontado foi o seguinte.

Quadro 3: Pesquisa revista *Você S/A* (capacitação)

Capacitação	%
Formação acadêmica	97%
Fluência na língua inglesa	57%
Experiência profissional anterior	50%
Participação em atividades extracurriculares	47%
Formação relacionada à área em que vai atuar	43%
Outros	30%
Pós-graduação ou MBA	27%

Não bastam habilidades

A partir dessa pesquisa, percebemos que as exigências podem ser distintas em alguns aspectos quando se trata de contratação ou quando se trata de valorização de alguém que já está no quadro de colaboradores. O que se percebe, porém, é que o mercado hoje busca muito mais os diferenciais do profissional do que propriamente a sua qualificação.

É importante notar que enquanto muitos profissionais seguem tentando encher seu currículo de diplomas, cursos, MBAs e tudo o que está relacionado à qualificação técnica, para as organizações não é apenas o currículo que determina quem vai ocupar uma vaga. E, menos ainda, uma vaga de profissional com o perfil do funcionário "extraordinário".

34 • O poder da atitude

A verdade é que todas essas capacitações e competências mais requisitadas são bases que ajudam o profissional na sua caminhada para se tornar extraordinário. Com elas, suas chances aumentam muito. Contudo, quanto cada competência será importante depende de cada situação.

Nas organizações das quais faço parte, por exemplo, quando temos de contratar jovens profissionais, prefiro o jovem inexperiente que mostra atitude de vencedor àquele que já vem cheio de vícios adquiridos nas organizações pelas quais passou. Pense a respeito: que avaliação pode ser feita de um jovem de 20 anos com um currículo em que há cinco experiências profissionais anteriores, sem ter se acertado em nenhuma delas?

Acho bastante interessante quando ouço muitos profissionais dizendo: "Eu não tive sorte na vida"; "Ele é o presidente da organização porque teve sorte"... Há quem se atreva a dizer que "alguém é extraordinário porque tem sorte".

A sorte sozinha, por si só, não leva muito longe. A melhor definição de sorte que já ouvi até hoje foi a seguinte: sorte = oportunidade + competência. Se você tem a oportunidade, mas não tem a competência e não tem a coragem de enfrentar os desafios, vai continuar sendo, no máximo, um "necessário" bem colocado na organização. Quem tem competência faz a oportunidade.

Quem tem uma oportunidade, competência com visão de futuro e vai buscar seus objetivos, claramente tem tudo para se tornar um profissional extraordinário. E não só a organização em que o indivíduo trabalha, mas todo o mercado estará de olho nele.

A realidade profissional mudou muito e hoje ninguém pode ficar alheio a essas transformações. Tem de procurar sair na frente se quiser conquistar seu espaço no topo.

Antigamente era comum profissionais passarem décadas em uma mesma organização. Hoje, as organizações buscam formas de atrair e reter talentos, mas também não hesitam em dispensar quem estagna em seu quadro de colaboradores. Portanto, para ser um talento disputado entre as organizações, é preciso ter as características de um profissional extraordinário, pois é atrás desse tipo de pessoa que as empresas estão indo.

Existe um desencontro enorme entre o que as organizações precisam e querem e o que o mercado de trabalho oferece.

- As organizações buscam habilidades, mas o mercado oferece profissões.
- As organizações querem competências, e o mercado oferece especialistas.
- As organizações querem profissionais diferentes, mas o mercado apresenta sempre currículos iguais.

O valor dos talentos

Apesar de toda a dificuldade para contratar bons profissionais, de as organizações estarem desesperadas procurando bons colaboradores e preocupadas com a retenção de seus talentos, muitas organizações ainda não acordaram para a importância de valorizar os próprios colaboradores. Não reconhecem o bom profissional, investem pouco em seu treinamento e não pensam duas vezes antes de cortar pessoal, quando a ordem é cortar custos. Estão na contramão do que o mercado dita. E esse é um grande engano, os prejuízos decor-

36 • O poder da atitude

rentes desse erro podem se tornar imensos para a organização e desestimulantes para o próprio profissional.

Do ponto de vista da organização, vamos pensar inicialmente apenas no fator custo financeiro. Por exemplo, imagine uma pessoa que tenha um salário de 2 mil reais, esteja há cinco anos na mesma organização, tenha um período de férias vencido e seja dispensada sem justa causa. Levando em conta todos os encargos, o custo da organização para dispensar esse colaborador giraria em torno de 9.400 reais. Caso o colaborador fosse dispensado do aviso prévio, esse valor subiria para algo perto dos 12.100 reais. Ou seja, a organização teria de despender em torno de cinco a seis vezes o valor do salário do colaborador para dispensá-lo.

Pior ainda ficaria a situação se houvesse a necessidade de contratar outro colaborador para preencher a vaga aberta com uma demissão. Os custos de contratação e adaptação do novo colaborador tornariam ainda mais onerosa essa substituição de profissionais. Vamos pensar um pouco além do custo financeiro: se a organização está tendo essa despesa para dispensar um colaborador indiferente, que não interessa para a equipe e para a organização, então isso passa a ser um ganho para ela, ao longo do tempo.

Se, porém, ela está dispensando um profissional do tipo necessário, além do custo em dinheiro a organização está também tendo um prejuízo no potencial de crescimento de sua força de trabalho. Agora, se a organização está dispensando um profissional extraordinário, nesse caso o prejuízo em dinheiro será a menor de suas preocupações. O prejuízo verdadeiro virá com o tempo e será muito maior do que os custos de dispensar o colaborador. Um profissional extraordinário que deixa uma organização é uma força importante com que se passa a não contar mais na busca dos resultados.

Do ponto de vista do profissional dispensado, também haverá sempre prejuízos, senão financeiros, pelo menos em termos de quebra de rotina, incômodos de recolocação e até, em muitos casos, abalo da autoestima. Quanto menores a qualificação, a orientação e a ambição do profissional, maiores serão as dificuldades de superar essa mudança.

Para aqueles profissionais que estão a caminho de se tornar extraordinários, em uma eventual dispensa indevida – por incapacidade de gestão por parte dos superiores na organização –, eles podem não encontrar grandes dificuldades na recolocação, mas de qualquer forma terão de retomar sua escalada profissional na nova organização que os contratar. E isso pode gerar um atraso em seus planos de ascensão profissional.

O perigo de desprezar valores

Existem muitos profissionais que são boas promessas de se destacar na organização, mas são dispensados prematuramente, ou mesmo de maneira injusta, sem que tenham a chance de mostrar sua real capacidade. Depois acabam tendo um sucesso fabuloso em outras organizações, onde são valorizados.

Nem todo talento, nem todo profissional extraordinário, consegue encontrar seu caminho na primeira tentativa. Nem sempre a organização lhe dá as condições de que necessita para mostrar todo o seu talento e crescer como profissional.

38 • O poder da atitude

Alguns demoram a encontrar a profissão que realmente querem e fazem uma peregrinação por diversas atividades, até encontrar o que realmente faz sentido em sua vida.

Vejamos alguns exemplos de pessoas que, mesmo consideradas descartáveis em algum momento de suas vidas, enfrentaram suas dificuldades com confiança e conquistaram seus lugares de "extraordinários".

Albert Einstein foi expulso da escola porque não tinha capacidade para aprender, mas foi a história que registrou toda sua genialidade. Lee Iacocca, um dos criadores do Ford Mustang, um dos carros americanos mais cobiçados no mundo todo, foi demitido da Ford. Tempos depois, assumiu a presidência da Chrysler e salvou a organização da falência.

Steve Jobs foi dispensado da diretoria da Apple um ano após lançar o Macintosh, mas, durante os cinco anos seguintes, criou uma companhia chamada Pixar, que fez o primeiro filme animado por computador, *Toy Story*, e se tornou o estúdio de animação mais bem-sucedido do mundo. Como se isso não bastasse, Steve foi chamado de volta à Apple, porque a organização estava afundando. E ele a reergueu.

Eu mesmo já me senti descartado em uma época da vida. Quando cursava o ensino médio em uma escola pública do estado de São Paulo, muitos professores diziam que eu não teria um bom futuro, pois era um aluno da famosa "turma do fundão". Entretanto, acima de tudo, eu acreditava muito no meu talento e na minha determinação. Hoje tenho duas organizações sob minha gestão, sou palestrante e escritor e agradeço aos meus professores que, de certa forma, incentivaram-me a provar que eles estavam errados.

A artista gráfica brasileira Fernanda Viegas deu muitas voltas até conseguir a realização profissional. Tentou e errou muito, ficou desacreditada, mas nunca desistiu. Depois de tanto buscar algo que realmente a fizesse se realizar, Fernanda começou a trabalhar no laboratório de mídia do Massachusetts Institute of Technology (MIT), onde permaneceu por sete anos. Em 2005, ela descobriu a visualização de dados e criou um gráfico fantástico para organizar seus e-mails. A partir de criações como essa, ela foi chamada para trabalhar na IBM. Fernanda Viegas se tornou uma das mulheres mais influentes do mundo da tecnologia e dos negócios, transformando dados complexos em imagens simples, de forma que a massa pudesse entendê-los. Por mais que tenha demorado a encontrar sua vocação, e tenha sido desacreditada por muitos, quando conseguiu, Fernanda se destacou e se mostrou uma profissional extraordinária.

Contudo, uma coisa é certa: os "extraordinários" jamais se acomodam em uma situação de falta de estímulos e nunca desistem de fazer valer sua capacidade de melhorar a realidade de uma organização, de um projeto, de um empreendimento.

Encontrar talento associado a comprometimento é descobrir algo raro e valioso. Infelizmente, em nosso país, o povo se acostumou com políticos que prometem e não cumprem, como se isso fosse algo normal. Compromisso, portanto, é um valor pouco cultivado em nossa cultura, mas é essa característica que faz um profissional valioso. A boa notícia é que é possível desenvolver isso em sua equipe, treinando-a para que se torne cada vez mais composta por profissionais extraordinários.

Capítulo

2

O profissional extraordinário

Diversos empresários não sabem o que fazer para ter em seus quadros muitos profissionais extraordinários. E, curiosamente, muitos profissionais não sabem como dar um salto qualitativo na sua carreira, ou mesmo não acreditam que são capazes de atingir grandes objetivos. Outras vezes, não procuram se interessar pelo que fazem e acabam desmotivados.

Uma pesquisa da Right Management, uma das maiores organizações de consultoria em gestão de talentos e carreira, que contou com a participação de 5.685 entrevistados, revelou que 48% das pessoas estão infelizes no trabalho. Notou-se também na pesquisa que quanto menor o cargo e o salário, mais insatisfeitos são os colaboradores. Algo totalmente esperado, mesmo porque os mais altos salários costumam agregar também os maiores benefícios.

42 • O poder da atitude

No entanto, apesar de toda essa insatisfação, quando convidadas a dar um passo na direção de maior qualidade de vida no trabalho, de melhor colocação e maiores possibilidades de crescimento, poucas são as pessoas que têm a coragem de aceitar o convite e o desejo de partir para uma mudança em sua vida profissional.

Medo, insegurança e comodismo são alguns dos principais fatores que fazem com que as pessoas não arrisquem um salto para os próximos níveis nas organizações e, menos ainda, para o patamar dos profissionais extraordinários. É bom deixar bem claro, porém, que, apesar de dificultarem bastante a caminhada, nenhum desses fatores é impedimento para o profissional ambicioso, que adquire a consciência de que crescer só depende dele mesmo.

Costumo citar um exemplo do início de minha vida profissional, para deixar claro que podemos redirecionar nosso modo de pensar e agir e construir uma história de sucesso, apesar das dificuldades, das dúvidas e da insegurança que possamos estar sentindo.

Comecei a trabalhar aos 16 anos na Associação Brasileira de Treinamento e Desenvolvimento (ABTD). Na época, como estava em idade escolar, trabalhava no período das 14 às 18 horas. Como era muito jovem, eu não sabia ao certo o que queria fazer da minha vida. Se eu chegasse antes do horário de início do expediente, aguardava na portaria do prédio, sentado, esperando o tempo passar. Independentemente dos projetos que tínhamos, eu saía no final do dia sem me preocupar se tinha ou não cumprido a missão daquele dia.

Na verdade, eu não gostava nem um pouco do trabalho que fazia. Não me parecia algo que gostaria de fazer para o resto da vida. Contudo, ao longo dos meses, fui me apaixonando pelas atividades que eram desenvolvidas na organização. Esse foi um momento muito importante na minha carreira, pois aprendi a me envolver em novos desafios e entender, cada vez mais, minha importância para os projetos que desenvolvíamos e os projetos na minha vida profissional.

Passei a dedicar-me por completo aos projetos, dei a mim mesmo a chance de crescer, procurei dar o melhor no meu trabalho e comecei a crescer na minha carreira. Assim, tornei-me diretor da ABTD.

No entanto, eu queria mais. Com essa decisão, busquei novos caminhos e tornei-me sócio-diretor de um respeitado instituto de treinamento corporativo e hoje ministro palestras em muitas organizações do Brasil e em eventos no exterior. Meu empenho foi reconhecido pelos colegas de trabalho e, principalmente, pelo mercado: são inúmeras as propostas de emprego que recebo de outras organizações.

Geralmente, o profissional que não se propõe a dar um salto qualitativo em sua carreira costuma ter dificuldades de deixar sua aparente zona de conforto e segurança. Em grandes organizações, em que existe um plano de carreira bem definido, é muito comum que esses profissionais fiquem acomodados com essa situação e, com isso, não busquem uma progressão ainda mais intensa, não ousem ir além do que está sinalizado.

Muitos desses profissionais provavelmente permanecerão insatisfeitos, mas continuarão trabalhando da mesma forma,

44 • O poder da atitude

sem buscar novas possibilidades para sua ascensão profissional.

Não saber ou não ter a coragem de se lançar a novos desafios profissionais é o caminho mais curto para se tornar um profissional indiferente – o que não satisfaz nem ao profissional nem à organização. Isso é o mesmo que se colocar em uma situação frágil e candidatar-se a encabeçar possíveis listas de demissões.

Os modelos certos

Se há uma coisa que todas as pessoas extraordinárias têm em comum é que elas aprenderam com os vencedores. Observando os vencedores, é possível perceber os pontos que os ajudaram no caminho para o sucesso. O escritor e empresário Robert Ringer afirmou que "a melhor maneira de obter altos níveis em sua vida é aprender diretamente com os grandes empreendedores. Devo tudo o que sou às muitas pessoas bem-sucedidas com quem aprendi".

Em uma carta para um colega, o cientista inglês Sir Isaac Newton afirmou que seu sucesso tinha sido construído sobre as realizações dos outros. Ele escreveu: "Se vi mais longe, é porque estive sempre sobre os ombros de gigantes".

O especialista em estratégia de negócio e comportamento humano Brian Tracy afirma que passou mais de 4 mil horas estudando as obras de homens de sucesso para compreender como evitar as emoções negativas que sabotam nossa felicidade e alegria de viver.

Seguir os modelos certos tem sido muito verdadeiro para mim, em especial quando dei os maiores saltos qualitativos na minha vida e na minha carreira. E se você está trabalhando duro, é ambicioso e está se inspirando nas pessoas certas, isso é, sem dúvida, verdade para você também. Essa inspiração pode fazer toda a diferença em sua carreira.

Muitas pessoas, porém, ainda escolhem seus modelos baseadas em informações e conhecimentos limitados, e até mesmo equivocados. E acabam se espelhando em referenciais errados. Por exemplo, algumas pessoas se guiam por profissionais que "ganham dinheiro fácil". Se a atividade é lícita ou não, se é ética ou não, não são fatores que importam para aqueles que resolvem se espelhar nesses profissionais. O que acontece? Modelos errados geram resultados errados. E geralmente não os levam pelos melhores caminhos. Esse acaba sendo um caminho que, no médio e no longo prazos, levará ao fracasso.

Se um professor de matemática ensina uma fórmula errada aos alunos, eles podem até resolver todos os problemas que lhes forem passados, mas alcançarão resultados errados. Assim também é na vida. Se os modelos que usarmos como base não forem os corretos, se não forem os melhores, não atingiremos bons frutos, e os resultados não serão sustentáveis.

Infelizmente, ainda são poucas as pessoas que conversam e buscam orientação com profissionais verdadeiramente excepcionais. E se tornar extraordinário, dessa maneira, passa a ser uma tarefa bastante complicada.

Na época da faculdade, eu tinha uma professora de Filosofia que, inicialmente, eu achava péssima por cobrar demais os alunos. Por não gostar do estilo da professora, acabei não estudando e fui reprovado na matéria. Obviamente fiquei muito constrangido com a situação, porém, o novo semestre com

46 • O poder da atitude

essa mesma professora fez com que eu tivesse outra visão: ela simplesmente queria que pensássemos de forma diferente dos outros. Por isso, ela passou a ser um dos meus modelos de profissional extraordinário.

Mestres inadequados o levam para destinos inadequados, errados ou aos quais você não quer ir. Chefes frustrados ensinam colaboradores a serem frustrados. Referenciais mal escolhidos fazem com que você desperdice seus esforços.

Autoridade legítima

Liderança dentro das organizações está intimamente relacionado com a questão da autoridade. As pessoas que se propõem a viver bem em sociedade sabem que existe a necessidade de reconhecer as autoridades no nosso convívio para viabilizar a vida em grupo, principalmente nas organizações. Muitas pessoas são ensinadas a ter como base de comportamento o respeito à autoridade, mas o problema é que as autoridades em geral são impostas, e não legítimas.

Pais e líderes imediatos que convivem conosco no ambiente de trabalho são autoridades, e o ideal é que isso seja expresso com legitimidade. A importância deles e sua influência normalmente são bastante fortes, tendendo a afetar positiva ou negativamente nossos resultados.

Se pais frustrados têm boa probabilidade de criar filhos frustrados e acomodados, líderes frustrados podem vir a ensinar seus colaboradores a serem profissionais frustrados e acomodados, o que distancia cada vez mais a chance de ter um time de talento, comprometido, com profissionais extraordinários.

Por outro lado, quando os pais têm sucesso na profissão que exercem, influenciam de modo mais assertivo na escolha da carreira por parte dos filhos. Sua maneira de ver o lado positivo de tudo com mais facilidade, junto com a maior facilidade de suprir a família de suas necessidades, inclusive com lazer e estudos de qualidade, proporcionam à criança uma base mais sólida para suas decisões profissionais futuras.

É claro que não somos escravos dessas influências. Sempre podemos fazer diferente do que aprendemos e pegar outro caminho na nossa vida profissional. Agora, apenas para ser justo com nosso poder de decidir nossa vida, e não deixar você pensando que está condenado para sempre, caso não tenha tido as melhores condições para crescer, quero dizer que mesmo se não tivermos pais incentivadores de uma história de sucesso podemos, ainda assim, escolher nosso futuro. Podemos sempre escolher o que seremos, apesar de todas as dificuldades. Vou dar um exemplo nesse sentido.

Meu pai, Vanderlei Cozzo, que sempre foi meu modelo e referencial, tem uma belíssima história de vida. Ele teve uma infância humilde e com muitas dificuldades. Morou em uma casa com um único cômodo com oito irmãos e os pais, Santos e Maria. Como acontecia na maior parte das famílias humildes da época, meus avós criavam os filhos com a intenção de que em um futuro próximo trabalhassem para ajudar a colocar comida dentro de casa. Infelizmente, por necessidade, os estudos viraram uma "prioridade secundária" na vida do meu pai.

Vanderlei, no entanto, queria mais do que isso. Aos 11 anos, resolveu sair de casa e buscar o próprio caminho. Foi atrás dos estudos no Seminário Menor de Aparecida do

48 • O poder da atitude

Norte. Por lá ficou muitos anos, até que ingressou na faculdade de Filosofia do próprio seminário. Contudo, desistiu para cursar Letras na Universidade de São Paulo. Incansável na busca por conhecimento, meu pai resolveu ainda cursar Direito na Faculdade São Francisco (USP).

Mesmo sem ter a orientação adequada dos meus avós e com um pensamento direcionado de modo diferente dos deles, meu pai construiu a realidade de acordo com seus sonhos de estudar e crescer. Buscou o próprio espaço e deixou marcas positivas em todas as organizações das quais fez parte.

Certa vez, nessas conversas de pai e filho, perguntei a ele por que ele tinha saído do seminário e perdido a vontade de ser padre. Ele respondeu: "Sabe, filho, quando fui para o seminário, eu queria ser o melhor padre do mundo – um superpadre –, que desempenha todos os papéis dentro de um idealismo absoluto. A realidade dos fatos, porém, me fez ver com o tempo que eu não seria um ótimo padre, mas com muito esforço, conseguiria ser apenas um bom padre. Não fiquei satisfeito e fui buscar o ótimo em outras áreas. Transitei por movimentos religiosos, sociais, políticos, associativos, sempre buscando o ótimo, até mesmo nas lutas e nas fugas da polícia nos idos de 1968 [em plena ditadura militar]. Confesso que nem sempre consegui ser o ótimo que eu queria, mas essa era uma forma de atingir meus objetivos, e lutar era, é e será sempre a minha forma de viver".

Sem dúvida que ele é meu exemplo máximo do profissional extraordinário e da pessoa excepcional. Um grande ídolo, que com seu exemplo orienta sempre minhas decisões. Somos nós que decidimos o que queremos e podemos ser. Você pode usar as influências à sua volta para acreditar que nada pode ser diferente ou para tentar fazer a diferença.

O outro tipo de autoridade está no ambiente de trabalho. Ali encontramos a figura do líder de equipe, do chefe imediato, dos superiores hierárquicos que têm autoridade direta sobre os profissionais.

Esses, por sua vez, podem desempenhar dois papéis básicos na vida do colaborador adulto, já formado e influenciado pela educação que recebeu em casa: ajudá-lo a acordar para o sucesso e mostrar que pode sempre mudar para melhor e fazer a diferença, ou então levá-lo a continuar atuando de modo medíocre e se mantendo na insignificância dos profissionais indiferentes.

O indivíduo que recebe de seu chefe *feedbacks* realmente construtivos tem mais condições de mudar para melhor sua vida profissional. Aquele que tem nos seus superiores exemplos positivos de sucesso vê neles os melhores aliados para seu crescimento.

Um exemplo muito bom de organização que se preocupa com a motivação e a demonstração de reconhecimento de seus colaboradores é a Campbell's Soup. Douglas Conant, que foi presidente da organização por mais de dez anos, ocupava algum tempo todos os dias escrevendo notas de agradecimento a seus colaboradores de destaque. E estimulava que todos fizessem o mesmo. Não por acaso, a organização foi líder mundial em vendas de sopas enlatadas.

O bom líder tem a capacidade de envolver sua equipe e influenciá-la a ponto de fazer com que seus membros queiram dar o melhor de si pelos resultados de todos. Esse é o caminho do sucesso.

50 • O poder da atitude

No caso oposto, um líder sofrível passa a seus colaboradores a ideia de que nada pode ser mudado, porque as coisas são como são e ponto final. E esse conceito se enraíza naqueles que não têm discernimento, aumentando sua probabilidade de fracasso.

A direção que alguém dá à sua vida depende muito da influência daquelas pessoas que considera como autoridades. Aquilo em que se transforma é fruto dos referenciais que ela tem e respeita.

O que faz um profissional extraordinário

Não menosprezo os que buscam apenas sustentar suas famílias, mas aplaudo de pé aqueles que lutam incansavelmente para sustentar seus sonhos. Pessoas de sucesso têm propósitos e lutam por eles. Perseguem suas metas, vencem com resultados e não vivem de desculpas. Elas têm ambição e querem realizar coisas importantes. Profissionais extraordinários têm amor-próprio, vontade de vencer, comprometimento com seus sonhos e entusiasmo para trabalhar por eles.

Pessoas de sucesso aprendem como fazer as coisas com mais eficiência: elas usam seus conhecimentos, seus talentos, sua energia e suas habilidades para produzir o máximo possível, ou seja, são comprometidas em alto grau.

Os extraordinários também sabem admitir seus erros, em vez de defendê-los apenas para não dizer que erraram. Mais ainda: são sempre aqueles que têm a coragem de arriscar, mesmo com a possibilidade de errar.

São rodeados de pessoas que os apoiam e encorajam. São líderes e têm pensamento positivo. São capazes de engajar pessoas com quem acreditam que podem fazer sucesso juntos.

Profissionais extraordinários fazem aquilo que precisa ser feito, e não apenas o que gostariam de fazer. Eles não têm medo do trabalho e se comprometem a fazê-lo com maestria. Esses profissionais também são capazes de ouvir, pois sabem que sempre têm de aprender. Eles sabem dizer não, são assertivos. Aceitam desafios e buscam oportunidades. Eles cultivam hábitos fortes e construtivos. Como afirmou o empresário Michael E. Angier: "Se você desenvolve os hábitos do sucesso, fará do sucesso um hábito". É assim que pensam e agem os extraordinários.

Todos os dias, deparamo-nos com pessoas assim. Ultrapassando barreiras, transformando suas vidas, tornando-se bem-sucedidas, alcançando seus objetivos e realizando sonhos. Contudo, também encontramos aqueles que abrem mão da própria vida por não terem coragem de enfrentar seus desafios.

Na enquete que mostrei (no Quadro 1, capítulo 1), um dado em especial me chamou bastante a atenção: apenas 36% das pessoas responderam que querem se tornar profissionais insubstituíveis. A princípio, achei isso um tanto estranho, mas depois, conversando com as pessoas, percebi que elas não dizem que querem ou não imaginam que podem ser insubstituíveis principalmente por algumas razões.

Ser insubstituível não significa criar uma dependência das pessoas em relação a você. Não significa que se você não estiver ali nada vai funcionar e tudo vai desmoronar. Muito pelo contrário, ser insubstituível é criar, enquanto você está pre-

52 • O poder da atitude

sente, o maior número possível de alternativas viáveis para quando você não mais estiver ali. Acreditar que é insubstituível é a verdadeira essência do profissional extraordinário.

É muito comum ouvir dizer que quem se considera extraordinário é "impromovível", ou seja, não deve ser tirado da função ou promovido. Contudo, ser insubstituível significa gerir seu trabalho de tal maneira que ele possa continuar com qualidade e resultados mesmo depois que você for promovido para outro departamento ou alçar voos mais altos.

Outro exemplo: quando uma organização familiar se desintegra depois que o patriarca fundador se vai, isso acontece porque em geral ele não se preocupou em ser extraordinário no que diz respeito à sua sucessão. Ele não preparou sua sucessão e deu chances para que sua obra se desfizesse.

Quando a organização continua próspera mesmo após a partida do fundador, porque ele preparou as bases para a continuidade dos seus negócios entre seus herdeiros, isso significa que, de fato, ele foi um empresário extraordinário. O caso de Steve Jobs é um bom exemplo, e o sucesso da Apple vai confirmar ou não essa premissa. Ele sempre estará presente no seu legado, que permitiu que a organização tivesse continuidade e as pessoas envolvidas nela se capacitassem para administrá-la.

Walt Disney criou uma organização de excelência. Mesmo depois de mais de quarenta anos de sua morte, os valores e o legado que ele deixou para os colaboradores permanecem. Walt conseguia vender seus sonhos para todos da sua equipe, pois acreditava que sozinho não conseguiria realizá-los.

O verdadeiro profissional extraordinário não é aquele que se amarra ao cargo que ocupa e afasta todos os pretendentes ao seu posto. O extraordinário é aquele que prepara o maior número de pessoas possível e as capacita a assumir seu cargo, quando ele for promovido.

Lembro-me de uma ocasião em uma das organizações que visitei em que um líder de equipe controlador e "dono do seu posto" na organização acabou não recebendo uma promoção para gerente. Seu diretor justificou a não promoção com a seguinte frase: "Não promovemos você porque em sua equipe não há ninguém que possa substituí-lo". Isso, que parece um elogio, em termos de construção de carreira profissional é o mesmo que colocar a corda no próprio pescoço e chutar o banco que está sob seus pés.

Em outras palavras, esse líder amarrou tudo a si mesmo, não dando chances de os outros aprenderem e crescerem. Tentou garantir a sua posição de liderança sonegando informações para sua equipe. E quem não cresce mais cedo ou mais tarde se torna dispensável.

Garra e ambição para ser brilhante

Ser extraordinário parece uma ideia muito além do que muitas pessoas estão acostumadas a considerar. Como muitos profissionais se mantêm na passividade, com a autoestima baixa, sem investir na própria carreira, isso tira deles a garra necessária para buscar as condições de se tornarem excepcionais.

Infelizmente, as pessoas pensam que para se tornar excepcional é necessário um esforço enorme, uma capacidade inigualável, que é preciso ser um gênio, ou ter sorte, ou qualquer coisa desse tipo, senão não dá para chegar lá. E passam a

54 • O poder da atitude

pensar que isso está muito além de sua capacidade e que se tornar extraordinárias não é para elas.

Sem dúvida, tornar-se extraordinário exige planejamento, trabalho e dedicação, mas, acima de tudo, exige consciência de seu potencial e decisão de fazer as mudanças para chegar lá, além de garra para se engajar nessa jornada com determinação. Isso tudo está disponível para todos aqueles que quiserem ousar.

A ambição é capaz de mover as pessoas, fazer com que ajam em busca do que almejam. Acredito que você já tenha notado que em muitas organizações existem pessoas muito capazes, muito boas no que fazem, mas que passam a vida trabalhando nas mesmas coisas, "especializando-se" ao extremo, de modo que jamais deixam aquela atividade para uma posição de liderança.

Ao mesmo tempo, notamos pessoas com menor capacidade técnica e menos conhecimentos do que aqueles especialistas, galgando posições no alto escalão da organização e progredindo na carreira.

Quais são as diferenças entre esses dois tipos de profissionais? Uma delas, sem dúvida alguma, é a ambição. Quem não tem ambição não progride tanto quanto poderia. Se não há ambição, o talento não tem alimento para evoluir.

Vou contar três segredos que descobri com base na observação de muitos profissionais, nas mais diversas organizações:

- Todo profissional que é extraordinário precisa sempre se dedicar a manter-se extraordinário. Afinal, hoje em dia, tudo muda muito rapidamente e o que mais destrói esses profissionais é a acomodação com o sucesso já obtido.

Alexandre Slivnik • 55

- Todo profissional que é necessário e não luta para ser extraordinário acaba se tornando um profissional indiferente.
- Um colaborador indiferente que não busca ser um necessário, e depois um extraordinário, estagnou na carreira. Se continuar parado, vai acabar se tornando dispensável.

A diferença entre ser um extraordinário ou ser apenas mais um no quadro de colaboradores de uma organização é a diferença entre realizar de verdade sua missão de vida ou passar por ela sem marcar presença.

Lembre-se de que só seremos lembrados pelo tanto de benefícios que nossas ações trouxeram às pessoas e à organização em que trabalhamos. Essas serão as marcas de nossa carreira.

Atitudes para se destacar

Ainda que as pessoas se diferenciem umas das outras, é comum que muitas delas sigam apenas padrões que não as leva a ter sucesso. Quem deseja se destacar, ser acima da média, precisa de vontade, atitude e dedicação para transformar as oportunidades em sucesso, independentemente do período de sua vida no qual se encontre ou das dificuldades que esteja enfrentando.

Além disso, é preciso sempre buscar desafios, pois o profissional que se acomoda na mesmice do dia a dia não pode se tornar excelente e não será capaz de gerar resultados significativos. É preciso aprender e praticar as ações certas para

56 • O poder da atitude

manifestar seu potencial e começar a se sobressair no âmbito pessoal e no ambiente corporativo, tornando-se um profissional extraordinário.

Seu sucesso depende de suas escolhas e de quanto você está disposto a se doar e a investir no que deseja. Para ser um profissional extraordinário, de sucesso, é preciso que seu trabalho seja sua diversão e sua paixão. É preciso ter sede de aprendizado e investir no próprio desenvolvimento. Quando você vê seu trabalho como uma missão de vida, encontra tempo e motivação para se tornar um profissional indispensável.

O profissional de sucesso é aquele que não espera as coisas acontecerem, mas age, trabalha e vai atrás dos resultados. O profissional que faz a diferença se sobressai na organização principalmente por ter algumas características bastante desejáveis no mercado de trabalho, enumeradas a seguir.

Gostar do que faz

Um profissional extraordinário realmente gosta daquilo que faz. A motivação é o fator mais importante, e sua ocupação lhe proporciona satisfação, realização e bem-estar. Fazer o que se gosta é diferente de gostar daquilo que se faz. Fazer o que se gosta é se dedicar às coisas que lhe dão prazer, e isso nem sempre é relevante em termos de trabalho. Por exemplo, você pode gostar de dançar e até dançar muito bem, mas isso não o ajudará diretamente na sua carreira profissional se você ganhar a vida trabalhando como engenheiro. Em termos de mercado de trabalho, a realidade é que nem sempre você vai conseguir trabalhar exatamente naquilo de que gosta e isso é um fato.

Gostar do que faz na sua carreira, no seu trabalho, significa ter paixão pelo dia a dia profissional. É ter prazer em planejar, executar, participar e analisar todo o processo em que está envolvido e sempre estar em busca de novas soluções, de novas direções para fazer ainda melhor o que faz. É sentir-se confortável e feliz naquilo que faz e, portanto, procurar fazer cada vez mais benfeito.

Fazer o que se gosta é muito importante, mas nem todos têm a oportunidade de realizar esse desejo. O mercado de trabalho é competitivo, nem sempre se consegue a vaga ideal. Gosto muito da filosofia de Confúcio e uma de suas frases que me chama a atenção é: "Trabalhe com aquilo que gosta e você não terá de trabalhar nem um dia sequer na sua vida". Concordo plenamente, mas prefiro dizer, para adequar essa verdade à nossa realidade: goste daquilo com que trabalha e você não terá de trabalhar nem um dia sequer na sua vida.

Nesse ponto, é importante deixar claro que os extraordinários sabem muito bem como associar trabalho a prazer, e não trabalho a dor. Eles agem sempre nesse sentido, porque sabem que essa é a condição mínima para se realizarem profissionalmente.

Provocar mudanças ao redor

Outro ponto notável nos profissionais que fazem a diferença é que não importa o que é ou o que não é atribuído ao cargo que ocupam, mas sim o que eles podem fazer para melhorar as coisas ao seu redor. É isso que os torna especiais, é a sua contribuição que faz com que se destaquem da média de profissionais que apenas "carregam o piano".

58 • O poder da atitude

O profissional extraordinário é capaz de provocar à sua volta mudanças muito maiores do que a maioria se julga capaz. Para você compreender melhor essa ideia, vou contar uma pequena história: o engenheiro, escritor e inventor norte-americano Buckminster Fuller é frequentemente citado pelo uso que fazia do conceito das "guias Trimtab" como uma metáfora para a liderança e a capacitação pessoal. A Trimtab é uma pequena guia na borda do leme de um navio. É um leme em miniatura. Entretanto, mover apenas essa pequena guia provoca baixa da pressão ao redor do leme, que o puxa para a direção certa. E o navio todo se reposiciona seguindo aquela nova direção. Trata-se de um pequeno dispositivo, mas que é capaz de provocar mudanças naquilo que é muito maior do que ele.

Na edição de fevereiro de 1972 da revista *Playboy*, Fuller disse: "Algo me ficou muito claro uma vez, enquanto eu pensava sobre o que um homem pequeno poderia fazer: um pequeno esforço individual pode funcionar como uma Trimtab e gerar grandes resultados no mundo ao seu redor". Pessoas extraordinárias estão sempre conscientes de sua capacidade de agir como uma Trimtab para corrigir os rumos e buscar resultados dentro da organização.

Oferecer sempre soluções eficazes

O profissional que faz a diferença é capaz de oferecer soluções eficazes para os problemas. Posiciona-se de modo que possa avaliar como cada problema pode ser resolvido e projetar a solução. Antecipa-se, é proativo. Os desafios aparecem o tempo todo, mas o profissional extraordinário não foge deles, nem deixa para os outros resolvê-los.

Superar crenças limitantes

Muitas pessoas acham que são muito novas, ou muito velhas, ou inexperientes, ou que não são capazes, ou têm qualquer outra crença que as leva a pensar que não têm nada de excepcional. Contudo, a diferença que faz os extraordinários é que eles não se entregam a essas crenças e lutam para impor sua vontade de vencer.

Saber para aonde ir

Os profissionais extraordinários sabem exatamente aonde querem chegar na organização em que trabalham e na carreira como um todo. Eles sabem qual é seu objetivo de vida e o que fazer para chegar lá. Para ser extraordinário, antes de tudo, é preciso saber com clareza para aonde você vai.

Investir em conhecimento e autoconhecimento

Outro fator do profissional extraordinário é investir em conhecimento e em autoconhecimento. Aquele que se conhece tem autoconfiança, característica essencial para o sucesso. Como a visão que tem de si mesmo é importante para os resultados que a pessoa alcançará, os profissionais extraordinários são aqueles que confiam no próprio trabalho e tratam tudo com equilíbrio e ponderação.

Projetar os passos com atenção

Profissionais extraordinários projetam suas ações. Projetar suas metas faz parte da carreira daqueles que querem ocupar, ou já ocupam, o topo da escala profissional. Sem dúvida existem imprevistos na vida, o que dificulta fazer um projeto

60 • O poder da atitude

exato, mas quem não tem claro para aonde vai e como vai é muito mais afetado pelas situações de crise que eventualmente surgem. Não dar importância ao planejamento, demorar a elaborá-lo ou adiar sua implementação é dar-se por vencido antes mesmo de começar a disputa. O extraordinário é aquele profissional que traça seus rumos com cuidado e regularidade. Quem planeja pouco contenta-se em ser apenas um profissional necessário, e aquele que nada planeja já assumiu a qualificação de profissional indiferente. Falta de planejamento leva ao uso inadequado das próprias qualidades, dos próprios recursos e realça defeitos.

Ir sempre além

Estamos vivendo uma era na qual um dos grandes problemas é o desperdício de potencial humano. Algumas pessoas com capacidade para brilhar contentam-se em permanecer nas sombras, à margem do sucesso, por não se considerarem capazes de ser mais do que são. Falta crença na própria capacidade e faltam estímulos das organizações para que seus colaboradores cresçam. O escritor alemão Hermann Hesse escreveu que "Não existe nada tão mau, selvagem e cruel na natureza quanto os homens normais".

O profissional extraordinário é muito mais do que o que se chama de "normal" no mercado de trabalho. Ele é diferente, ele faz a diferença. Toma as rédeas de sua carreira e dá a ela a direção que lhe interessa. O profissional extraordinário não precisa esperar surgir uma vaga em uma organização, pois vai atrás das oportunidades, busca o trabalho que deseja e faz a própria carreira, em vez de deixar os outros decidirem por ele. Muitas vezes ele é procurado pelo mercado com tentadoras ofertas de emprego.

> Capítulo
>
> # 3

Como fazer clientes tornarem-se fãs

"Todas as empresas de excelência têm líderes fortes em todos os níveis."

TOM PETERS

São os profissionais extraordinários que garantem a excelência em todas as organizações. E é no relacionamento humano que essa excelência se manifesta de maneira mais clara e perceptível.

Pense bem: você já deixou de comprar algum produto porque teve um atendimento ruim? Você já comprou algum produto do qual não precisava porque foi muito bem atendido? Já pagou mais caro por um produto porque teve uma excelente experiência de compra?

Atendimento é uma coisa que acontece permanentemente em nossa vida. Com todos os que nos relacionamos, estamos fazendo atendimento. Todos nós sabemos que quando há excelência no relacionamento entre colaboradores de uma organização, qualquer negócio pode ser concretizado mais facilmente. Quando isso se refere a um produto ou serviço, pesquisas mostram que se o atendimento é excelente, o preço

62 • O poder da atitude

é menos importante, pois o valor percebido por um cliente compõe-se da seguinte maneira:

- 10% está relacionado ao preço real do produto.
- 90% está relacionado à experiência do cliente.

Outra pesquisa mostra que consumidores, ao serem perguntados sobre o que os faz comprar em determinada loja, respondem em ordem de prioridade: 1) atendimento; 2) cumprir acordo; 3) qualidade do produto e 4) preço.

Não é por outro motivo que as empresas devem fazer com que seus colaboradores agreguem valor ao produto ou serviço, mantendo sempre uma obsessiva preocupação com o atendimento, ou seja, com o relacionamento humano.

Se você vai a um restaurante e não tem um bom atendimento, por exemplo, quando vai a outro e é mais bem atendido, o preço pode até ser maior, mas você paga. Pelo atendimento você compra produtos, você fecha negócios.

A arte do relacionamento e do atendimento de excelência está relacionada ao envolvimento mágico que as pessoas podem ter na experiência com uma marca. Se um vendedor envolver você na magia da excelência no atendimento, em geral, você compra o produto ou serviço.

Por isso, em qualquer organização, e não apenas em relações comerciais, se um profissional acreditar que aquele é o melhor produto ou serviço, ele passará isso para a frente e conseguirá convencer as pessoas e, consequentemente, vender.

O produto pode até ser muito caro, mas se o profissional acredita que ele vale o preço, ele vende. E é por isso que é muito importante ter profissionais extraordinários no time, pois eles saberão proporcionar a excelência no relacionamento com clientes, criar a magia, encantar, sejam eles internos (colaboradores) ou externos.

Por isso, investir em pessoas, treinar, capacitar, desenvolver é o melhor caminho para ter um negócio extraordinário. Organizações que incentivam o crescimento de seus colaboradores têm maiores lucros, e aquelas que desestimulam seus colaboradores reduzem as chances de lucro.

Se mais profissionais tivessem dedicação real a seus clientes, suas organizações seriam mais lucrativas e seus empregos estariam mais seguros. E qualidade não diz respeito apenas a possibilidades limitadas, mas se estende a possibilidades ilimitadas, fora dos padrões ou paradigmas.

A melhor maneira, portanto, de uma empresa entrar para as listas dos negócios extraordinários é poder ter em seu quadro de colaboradores mais pessoas sensacionais, colaboradores extraordinários. Para isso, precisa investir no maior bem que possui: suas pessoas. Somente dessa maneira poderá diferenciar-se da concorrência, destacando-se por prestar um serviço inesquecível a seus clientes, o que consistentemente a colocará em um patamar mais alto no mercado a que pertence, qualquer que seja ele.

O modelo de Walt Disney

Como já mencionei, para mim uma grande expressão de experiência de qualidade para os clientes é conseguida pela Disney, fundada por Walt Disney. Disney queria encantar as pessoas e para isso preocupava-se com todos os detalhes

64 • O poder da atitude

que trouxessem diversão, felicidade e satisfação para seus clientes.

Ele não queria apenas atender expectativas, mas excedê--las, superá-las. Isso pode parecer puro idealismo, mas na verdade é uma estratégia bem clara e inteligente. Se ele apenas atendesse expectativas, estaria fazendo como qualquer concorrente, sendo igual. Para ser diferente, é preciso exceder, e é isso o que faz com que um mesmo produto que a concorrência tenha possa ser vendido em maior quantidade e até com preço mais alto por você.

Superar expectativas é a maneira de agregar um valor tão alto ao seu produto ou serviço que seus clientes pagarão o que for para tê-los. Esse é um eficiente caminho para entrar para o rol dos extraordinários. Exceder expectativas é ter um diferencial competitivo baseado em atendimento e experiência, e Walt Disney tinha isso muito claro em todas as suas ações.

Por isso, por trás do mundo de encantamento que ele criou, há uma estrutura que garante seu sucesso estrondoso. As organizações Disney são hoje um grupo grande, com várias ações: parques, *resorts*, filmes, produtos etc. Em todos eles, no contato direto com o cliente, a experiência é de excelência.

Disney deixou um legado: fazer tudo com paixão e amor, e mesmo após sua morte, tudo continua assim, nada se perdeu, pois ele garantiu uma maneira de suas ideias se perpetuarem.

Desde o início, ele sabia aonde queria chegar e tinha certeza de seu objetivo, e esse é o primeiro ponto para ser um extraordinário: saber aonde se quer chegar. A Disney pensa com

Alexandre Slivnik • 65

carinho e cuidado para que sua marca seja sempre respeitada, e cada vez mais valorizada. Para isso, procura garantir que o cliente tenha sempre uma experiência sensacional.

Com essa premissa, tudo é diferenciado. A Disney chama seus clientes de *guests*, ou seja, de convidados, hóspedes. E seus funcionários são *cast members*, ou seja, membros de elenco, pois cada um faz parte de uma história e tem uma função no contexto maior.

Walt Disney criou seu estúdio em 1923 e tinha como "produto" um rato, ou seja, Mickey Mouse. Se você analisar bem, trata-se de um animal repugnante, mas ele criou um contexto tão mágico que despertou amor nas pessoas por esse personagem. Em 1937, a Disney lançou o filme *Branca de Neve* e teve grande sucesso. Foi o primeiro desenho de longa metragem que existiu, pois ele queria fazer algo que os concorrentes ainda não tivessem feito, e essa é apenas uma amostra de sua personalidade de visionário. No meu escritório, tenho um enorme quadro com uma frase de Walt Disney que muito me inspira: "É divertido fazer o impossível". Walt era mestre em fazer o impossível virar realidade, e, melhor, deixou esse legado para toda a sua equipe.

O ciclo da excelência

O complexo Walt Disney World em Orlando, na Flórida, Estados Unidos, atende 250 mil pessoas por dia. E é com base em excelência interna que ele começa a garantir a experiência extraordinária que valoriza sua marca e seus produtos. A Disney sabe que a satisfação do colaborador é o primeiro passo para ter uma organização encantada. Por isso, todo novo *cast*

66 • O poder da atitude

member recebe um forte treinamento sobre a cultura da organização. A Disney pensa nas ações de treinamento com o objetivo de buscar o sucesso do ser humano, pois acredita que o sucesso da organização é uma consequência desse processo.

Eles têm uma estratégia que auxilia na manutenção e na difusão de sua cultura com todas as pessoas que trabalham na companhia: contratação, treinamento, reconhecimento de cada funcionário e reforço. Assim, a empresa garante um ciclo de excelência baseado nas seguintes premissas:

- Convidados extremamente satisfeitos vão trazer resultados financeiros e perpetuar o negócio.
- O principal fator que promove a satisfação dos convidados (clientes) é a interação com seu elenco (colaboradores).
- Colaboradores excelentes no elenco são guiados, desenvolvidos e mantidos por excelentes líderes.

Essas premissas se encadeiam da seguinte maneira: líderes excelentes formam colaboradores excelentes, que interagem com os clientes de maneira excelente e trazem resultados extraordinários, e isso promove a fidelidade à marca e garante a continuidade da empresa e seu sucesso.

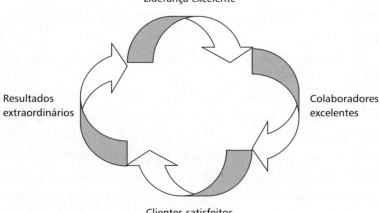

Liderança excelente

Já ficou claro que o sucesso da organização depende do desempenho dos colaboradores. Todos os dias, os profissionais têm a oportunidade de criar valor para os clientes, mas eles não podem tomar todas as decisões sozinhos, ou seja, precisam da condução de um líder, que deve ser excelente, e isso é fundamental para que os valores estratégicos da companhia estejam expressos em cada atitude dos funcionários.

Um líder é alguém que consegue influenciar para que haja mudanças. Um bom líder é diferente de um excelente líder. O bom líder é aquele que faz com que a equipe acredite nele. Já o excelente líder é aquele que faz com que a equipe acredite nela. Sabe-se que nas organizações geralmente quando há muito *turnover* de colaboradores, com baixa retenção de talentos, isso é consequência direta da atuação da liderança. O colaborador em geral não pede demissão da empresa ou da

68 • O poder da atitude

organização, mas do líder. O líder excelente fica 80% do tempo em campo, escutando e formando seus colaboradores, e apenas 20% no escritório, longe de seu time resolvendo questões burocráticas.

A liderança excelente tem a função de transmitir com paixão os valores, a visão e a missão da empresa para seus colaboradores, garantindo que todos andem na mesma direção rumo aos objetivos estratégicos estabelecidos.

Uma liderança excelente combina os esforços de sua equipe para que todos estejam envolvidos no ciclo de excelência, garantindo que ele se perpetue. Os líderes precisam demonstrar as diretrizes centrais e verificar que cada colaborador tenha comportamentos condizentes com a criação de uma experiência marcante para os clientes, aproveitando todas as oportunidades para isso.

É a partir dos exemplos e das histórias que os líderes podem inspirar e mostrar para sua equipe como promover na prática a excelência que trará o diferencial para a marca. Com isso, há um pé no passado, pela perpetuação do que há de bom, e um pé no futuro, para a visão da criação de novos capítulos da história. Aliás, usar o poder da história é uma estratégia poderosa, como falarei mais adiante.

Colaboradores excelentes

Os colaboradores excelentes são os profissionais extraordinários dos quais falei bastante até aqui. Como eles fazem um atendimento de excelência, garantem a satisfação dos clientes. Note que os profissionais extraordinários estão em todos os escalões da companhia.

Na Disney existe o conceito de que todos são *vips*, ou seja, não apenas *very important person* (pessoa muito importante), mas *very individual person* (pessoa muito individual), ou seja, cada um é alguém especial e merece ser tratado dessa maneira. É uma filosofia que garante a elevada empatia com cada cliente.

Com isso, há naturalmente a fidelização, pois o cliente encantado torna-se um fã. Em pesquisas feitas pela Disney, verifica-se que entre os clientes, 70% já visitaram algum parque antes e 90% já se hospedaram antes nos *resorts*, o que representa um retorno muito alto e uma taxa de fidelização fantástica.

O processo da implantação da cultura de excelência começa, portanto, na seleção dos colaboradores. Como eles são *cast members* (membros de elenco) e não funcionários, devem ter em mente que cada gesto seu representará um gesto da companhia inteira. A estratégia de contratação inclui aptidão e atitude, conhecimento total da história e dos valores da organização e ainda planejamento rigoroso na busca dos resultados.

Centenas de outros procedimentos são transmitidos diariamente a todos os colaboradores. Junto com eles, informações sobre a organização e autonomia para fazer o que consideram bom para seus clientes, que conforme mencionei, são chamados de "convidados".

Na Disney, a troca de colaboradores (*turnover*) é mínima, quase inexistente, e todos ganham prêmios a cada cinco, dez, quinze e mais anos de trabalho. As pessoas são estimuladas a ficar, melhorar, e sempre exceder as expectativas de seus convidados e, assim, crescer.

Para uma organização que trabalha com magia e encantamento de todos (clientes internos e externos), não é um grande sacrifício para os colaboradores oferecer comprometimento e dedicação.

Clientes satisfeitos

Em decorrência da liderança excelente e dos colaboradores excelentes, em todo e qualquer lugar que haja a chancela Disney com a qual um consumidor entrar em contato, ele imediatamente sentirá um atendimento de excelência. E é essa excelência que torna os parques, os *resorts* e as lojas Disney eficazes, surpreendentes e deliciosamente aconchegantes. Os frequentadores ficam maravilhados e, às vezes, nem acreditam que aquilo aconteceu.

Uma pesquisa feita pela Universidade de Harvard, em 2006, interessou-se em saber por que um cliente volta ou não a consumir determinado produto ou serviço. No Gráfico 1, vemos o resultado.

Gráfico 1: Por que um consumidor não repete uma experiência com um produto ou serviço

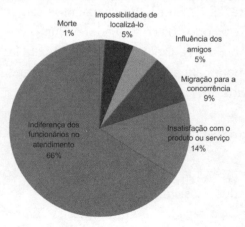

Fonte: Adaptado de Harvard, 2006.

O gráfico mostra que as empresas controlam 94% das razões para reter um cliente (não há o que fazer apenas se o cliente morreu ou não foi possível localizá-lo). A Disney faz isso com maestria, principalmente resolvendo a principal razão que faz um consumidor não repetir uma experiência de compra, ou seja, oferecendo um excelente atendimento. Seguindo o conceito de que atendimento é qualquer ajuda de uma pessoa para outra, e que sempre que você atende alguém está se relacionando com essa pessoa, a Disney busca transformar essa interação na mais marcante e sensacional possível, e essa é a causa da grande satisfação de seus clientes.

É claro que não é possível ter 100% de satisfação o tempo todo, com todas as pessoas, mas a empresa busca manter a seguinte proporção: um momento trágico para 37 momentos mágicos. Com isso, minimiza a insatisfação e gera uma experiência de satisfação durante a maior parte do tempo. Por isso, quando a Disney enfrenta um problema, agradece como uma oportunidade de criar um momento mágico.

A Disney possui quatro chaves que sustentam seu padrão de qualidade para garantir satisfação de clientes: segurança, cortesia, *show* e eficiência. São essas as prioridades operacionais e os critérios que garantem a entrega de um bom serviço para seus convidados e servem a alguns propósitos fundamentais, como ter os parâmetros para tomar decisões relativas a operações ou aos colaboradores (*cast members*), priorizar os detalhes que serão atendidos e permitir que se meça consistentemente a qualidade do serviço.

72 • O poder da atitude

1) Segurança. É o que vem em primeiro lugar. É importante antever e prever o que vai acontecer, para se antecipar aos problemas. Segurança traz confiança e tranquilidade na experiência.

2) Cortesia. Todos precisam ser positivamente amigáveis e tratar com cortesia as pessoas, para gerar uma experiência agradável. Todos gostam de respeito e consideração; com esse tipo de atitude, é possível sempre exceder as expectativas.

3) Show. O ambiente é fundamental, e a imagem é tudo. Tudo conta uma história sobre o que uma empresa valoriza, tudo fala. Por isso, é preciso sempre dar um *show*. Limpeza, organização, beleza e surpresa fazem parte da estratégia de encantar os clientes.

4) Eficiência. Ser eficiente é, antes de tudo, estar atento aos detalhes e pensar em cada um deles. Não há nada mais desagradável para um consumidor que a ineficiência; portanto, esse é um parâmetro importante para ser considerado. Trabalhe com inteligência, em vez de trabalhar mais.

Resultados extraordinários

Um atendimento de excelência que traz satisfação ao cliente cria conexões emocionais com ele. Por isso, é importante haver acolhimento familiar e humanização do atendimento. Com interesse genuíno em ter um atendimento excepcional, as expectativas podem ser facilmente excedidas. Isso vai desde um sorriso até a cordialidade permanente.

É evidente que com esse tipo de atendimento de excelência, que visa deixar clientes altamente satisfeitos, há um sucesso estrondoso que se reflete nos resultados. São os resultados a medida mais direta da eficácia desse processo, e a Disney é, ela mesma, o maior testemunho da validade desse método, afinal é muito claro para a Disney que o atendimento é algo estratégico.

Os clientes são verdadeiros fãs, e eles se tornam os maiores advogados da marca, dos produtos e dos serviços, multiplicando sua força de uma maneira que a empresa sozinha – com seus funcionários, comunicação e estrutura – não conseguiria fazer tão bem. Quem tem fãs como clientes tem grande parte do resultado já garantido.

> Capítulo
> # 4

Use o modelo de excelência no seu negócio

Esse conjunto de conceitos pode, em um primeiro momento, parecer impossível de ser assimilado, com grande dificuldade de cumprir as tarefas. Contudo, é mais simples do que aparenta e, no auge do envolvimento, tudo se torna fácil e até prazeroso.

Para facilitar, organizei de maneira prática as ideias para serem aplicadas em forma de lições. Foi assim que consegui implantar nas organizações em que trabalho o modelo de excelência.

Depois de muitos anos visitando e assistindo palestras e cursos no Disney Institute, resolvi aplicar o "jeito Disney de ser" na Associação Brasileira de Treinamento e Desenvolvimento (ABTD).

Esse trabalho, depois de um ano, resultou em melhoras concretas e até inimagináveis nos nossos números, não apenas porque implantamos o atendimento de excelência, mas porque

76 • O poder da atitude

trouxemos nossos "clientes internos" (colaboradores) para perto de nós, mostrando a cada um deles a importância das suas tarefas diárias, desde as mais esporádicas até as rotineiras.

Nosso colaborador é nosso melhor cliente, e é essencial que ele acredite que suas atitudes profissionais positivas são básicas para o sucesso de todo o negócio, uma vez que ele é a personificação da empresa.

Só para ter uma ideia da mudança de nossos números: em 2008, quando ainda não havíamos nos engajado nessa mudança, tivemos, em nossos seminários, cerca de 3 mil pessoas. Esse número cresceu 25% em 2009 e, em 2010, praticamente triplicamos o número de pessoas atendidas, que chegou perto das 9 mil.

Mesmo as pessoas *freelancers*, contratadas para cada evento, ou seja, as que não fazem parte do nosso quadro fixo de colaboradores, conseguimos envolvê-las com os conceitos de excelência. Isso foi feito por meio de palestras de sensibilização, treinamentos com todos e principalmente pelo exemplo de nosso time da casa. Assim fazemos com que cada um que chega para a equipe torne-se engajado.

Tivemos crescimento médio de 14% ao ano e, com isso, mostramos qual era a importância do trabalho de cada um na implantação do estilo de excelência, e como isso gerava resultados surpreendentes.

O cuidado com os detalhes foi a tônica de nosso processo. Especialmente, uma história sobre limpeza foi marcante para nossa equipe. Contei aos nossos colaboradores que naquele imenso parque de encantamento e diversão, todos são responsáveis pela limpeza.

Os parques da Disney são limpíssimos, quase brilham. Um dia, um grupo de profissionais estava em um dos parques e viu um senhor de terno e gravata, que estava falando a um grupo, afastar-se para apanhar uma embalagem de sorvete que estava jogada no chão e colocar em uma lixeira próxima. Mais tarde, no seminário que o grupo assistia no Disney Institute, contaram que aquele senhor era ninguém menos que um executivo da Disney.

O vice-presidente das organizações Disney contou, então, com orgulho, que os 60 mil funcionários da Flórida são todos responsáveis pela limpeza. Se um membro do elenco vir um refrigerante estourar no chão e não tiver meios de limpar aquele estrago, tem a imediata obrigação de ficar ao lado e chamar alguém pelo rádio que possa fazer o serviço. E isso serve para qualquer colaborador, seja ele o vice-presidente ou quem cuida da entrada dos convidados nos parques. Costumo dizer que isso é assumir a responsabilidade pelo problema. A partir do momento em que você vê algo errado acontecendo, você deve assumir e resolver.

O que implantamos também na ABTD é a atitude simples de se antecipar aos problemas, em vez de resolvê-los quando já estão instalados, como mostrarei a seguir. Se, por exemplo, em um de nossos eventos um de nossos colaboradores vir que alguém que acaba de chegar está perdido, não deve esperar que a pessoa se aproxime do balcão para pedir informações, mas deve se aproximar imediatamente e perguntar: "Posso ajudá-lo?" A seguir, deve levar o participante, de preferência com um sorriso nos lábios, ao lugar que ele deseja.

78 • O poder da atitude

As cinco lições de excelência

A seguir, mostrarei as lições que aprendi com a Disney para implantar um atendimento excelente, que permitirá que sua empresa construa um caminho que a conduza ao rol dos negócios extraordinários.

Lição 1 – Use o poder da história

As histórias são poderosas. Muitas empresas e líderes, a começar por Walt Disney, usam as histórias e o fato de contá-las para perpetuar a cultura da empresa. Os líderes da Disney usam a história para criar uma conexão emocional com as pessoas que permite que sejam passados as tradições, a história e os valores para seus colaboradores.

De fato, nessa organização, muito do que se sabe, tanto do passado quanto do presente, é transmitido por meio de histórias, que são interessantes e por isso lembradas, repetidas e acreditadas. Usar o poder da história é uma das diferenças competitivas dessa organização de sucesso. Os líderes sabem que contar histórias aos colaboradores faz com que eles façam o mesmo com os clientes.

Acredite na história da sua organização, na sua história, e use seu poder para influenciar a todos, tanto colaboradores quanto clientes. Se a pessoa que trabalha na sua organização não acredita, acabou. Por isso, ela tem de saber qual é a visão, a missão e os valores que sustentam sua organização, e saber bem claramente por que trabalha lá, aonde vai chegar etc.

É importante fazer sua equipe acreditar sempre, pois eles são os primeiros compradores dos seus produtos. Usar o poder de persuasão e contar uma história com maestria é algo que surte grande efeito.

Walt Disney sabia fazer isso como ninguém. Quando tinha o projeto do longa metragem Branca de Neve, que foi o primeiro longa de animação da história, ele usou o poder da história ao apresentar o conceito para sua equipe.

Se ele chegasse para os colaboradores, em 1937, e dissesse que iam fazer um desenho animado em longa metragem, eles não acreditariam e muito menos defenderiam a ideia, o que era fundamental para que ela vingasse. Então, Walt Disney pediu que seus colaboradores saíssem da sala.

Enquanto estavam fora, Disney colou cartazes que representavam o filme inteiro, cena por cena, ou seja, o *storyboard* completo do filme *Branca de Neve*. Se ele apenas falasse que criaria um desenho de uma hora e meia de duração, todos o achariam doido. Contudo, ele criou uma história para envolver a equipe. Quando a equipe voltou, ele contou a ideia, o projeto, detalhe por detalhe. Eles sabiam que Walt Disney era maluco e capaz de tudo, mas, totalmente envolvidos naquele clima criado, no qual sentiram credibilidade e entusiasmo, passaram a defender a ideia e se entusiasmaram com o projeto.

A equipe se envolveu tanto no projeto que o desenho foi feito e eles ganharam milhões de dólares. O estúdio ganhou bastante, pôde reinvestir e cresceu. Disney criou um padrão para fazer magia... e todos entraram nela. Por fazer diferente, conseguiram realizar esse sonho e muitos outros depois.

Se você passar uma história com credibilidade, sua equipe vai acreditar. Se sua equipe acredita, os clientes vão acreditar. A história da própria organização é importante, assim como a missão. Ao envolver as pessoas com essa história, elas passarão a defendê-la também.

80 • O poder da atitude

Isso permite que, mesmo depois que os fundadores ou líderes não estejam presentes, a empresa se perpetue, pois a cultura será mantida e repassada. Isso aconteceu depois da morte de Walt Disney e de seu irmão, Roy Disney.

Foi o sonho de criar um lugar em que crianças e adultos pudessem se divertir juntos que deu início à Disneylândia, em 1955. Em 1966, onze anos depois, foi criado o projeto Flórida.

O parque, de início, era um projeto pequeno, mas ele comprou um espaço dez vezes maior do que precisava inicialmente, pois sabia que tudo ia valorizar e o momento de adquirir por um bom preço era antes de tudo começar.

Walt Disney queria realizar sonhos, queria criar um mundo em que todos virassem crianças. Queria que, ao ter contato com seus parques e produtos, todos tivessem contato com o mesmo universo de quando eram crianças.

Tudo estava pronto para ser construído quando, em 1966, Walt Disney morreu. Se ele não houvesse compartilhado todos os seus sonhos, contado e contagiado a todos com suas histórias, a empresa morreria. E ele, porém, havia entusiasmado a equipe toda. Seu irmão Roy, que estava aposentado, voltou para a companhia a fim de continuar o sonho de Walt, inaugurando, assim, a Walt Disney World em 1971. Foi um grande sucesso.

Mais uma vez, a história se repetiu. No ano da inauguração, Roy morreu! A empresa tinha tudo para dar errado, mas o sonho era compartilhado, a equipe era unida, todos acreditavam e continuaram o sonho. Hoje, todos conhecem essa extraordinária empresa de entretenimento.

Por isso, use o poder das histórias para envolver sua equipe. Seu colaborador é seu melhor cliente. É ele que tem de

Alexandre Slivnik • 81

acreditar no produto e na importância do trabalho dele. Isso é importante para o sucesso da empresa. Compartilhe os valores, a missão; perpetue sua ideia; contamine e contagie a todos com seus ideais e desejos de excelência e de encantamento. A força das histórias ajudará você a cumprir essa missão com sua equipe.

Lição 2 – Antecipe-se aos problemas

Todas as organizações e pessoas enfrentam problemas diariamente. Para que você possa trabalhar com excelência, deverá não apenas resolvê-los da melhor maneira possível, como antecipá-los. Assim, conseguirá surpreender e ir além. Além disso, quanto antes você resolve um problema, menor ele é e mais fácil é a solução, pois consegue assim evitar confrontos e conflitos.

Se deixarmos um cliente chegar até nós com um problema, ele poderá vir emocionalmente descontrolado, e aí o problema será maior. Se você o aborda antes, com certeza minimiza o estresse e o próprio problema. Na Disney não existe aquela história de "esse não é problema meu". Tudo é problema de todos, sempre.

A Disney tem inúmeros exemplos de antecipações de problemas e certamente por isso a estatística que eles exibem indica que 95% das avaliações dos clientes se referem a atendimentos positivos.

Há vários anos eles fizeram um estudo e perceberam que, diariamente, muitas pessoas saíam frustradas do parque porque perdiam seus carros no estacionamento, ou seja, ao voltar, não se lembravam mais onde haviam estacionado. A Disney resolveu isso de uma maneira simples e engenhosa. Para

82 • O poder da atitude

evitar que as pessoas percam seu veículo, todos os carros que chegam ao estacionamento do parque param em determinada ordem, um ao lado do outro, na sequência de chegada, em locais que os *cast members* indicam. De acordo com o horário de sua chegada ao parque, os *cast members* sabem exatamente onde o carro da pessoa foi estacionado.

Os *cast members* têm orgulho de fazer parte da Disney. Certa vez, eu estava em uma farmácia de Orlando e observei que um casal alemão estava brigando com o *cast member* do local, que não entendia o que eles queriam. Estava lá um *cast member* e vi que ele se ofereceu para ajudar, antecipando-se a uma confusão maior que podia acontecer. O casal perguntou se ele trabalhava na Disney e ele falou que sim, ao que ouviu: "Percebemos pelo seu modo de agir!". Antecipar-se aos problemas é uma atitude para a vida.

Outra história de resolução de problemas aconteceu bem à minha frente, e foi um dos casos mais incríveis que presenciei. Um garoto estava com a mãe na fila de um brinquedo já há bastante tempo. Estava com um grande sorvete na mão, que tomava com prazer. Ao chegar a vez deles, o atendente informou que ele não poderia entrar com o alimento. A criança ficou manhosa, dizendo que queria o sorvete, e a mãe, que já esperava havia muito tempo naquela fila longa, não queria desistir e perder a vez por causa do sorvete. O garoto chorava de um lado e a mãe argumentava do outro. Naquele momento, um outro *cast member* apareceu e disse: "Pode entrar no brinquedo que eu seguro seu sorvete e entrego para você na saída".

Todos nós sabemos que é impossível, em um calor de 40 graus, "segurar um sorvete", pois em poucos minutos ele der-

Alexandre Slivnik • 83

rete. Eu, que observava da fila, fiz questão de esperar o menino sair para ver o que aconteceria. Enquanto o garoto estava lá dentro, o funcionário foi até uma loja, pegou um novo sorvete idêntico e esperou a mãe e o garoto saírem. Na saída, lá estava o rapaz da Disney com um sorvete novinho em folha para o menino. A Disney gastou no máximo 5 dólares com essa gentileza, mas eu garanto que esse garoto nunca mais vai esquecer disso, nem sua mãe ou eu. Ele vai voltar centenas de vezes ao parque e vai levar os filhos quando os tiver. "É mais caro conseguir novos clientes do que manter os já existentes", afirma Bruce I. Jones, um dos diretores do Disney Institute. Para a Disney, isso é pensar lá na frente, antecipar problemas. Isso faz com que a imagem da Disney fique marcada positivamente com a história.

Para descobrir os problemas, ouça seus clientes – tanto os internos quanto os externos. Tenha diversos pontos de escuta, ou seja, ouça pessoas de todos os departamentos, de todos os escalões e de todos os lugares, receba críticas e saiba desenvolver soluções. Não frustre clientes, mas se antecipe; não espere passivamente o problema chegar.

Outro exemplo mostra como um problema aparente pode ser revertido em benefício para a empresa. Existe um brinquedo em um parque da Disney chamado Torre do Terror. Para entrar nele, a criança precisa ter no mínimo 1 metro. Na entrada do brinquedo, além do *cast member* há um lugar para a criança medir sua altura. Se ela não tiver altura suficiente, recebe um certificado de futuro participante da Torre do Terror. Com ele, ela pode voltar para a Disney, entrar no brinquedo sem pegar fila e ainda ganhar uma fantasia temá-

84 • O poder da atitude

tica. Se a Disney não fizesse isso, a família poderia esperar horas para entrar e o resultado seria a frustração. Com esse certificado, a criança vai esperar ansiosamente e insistir para voltar quando tiver altura, e aí a frustração e um possível problema viram oportunidades de negócio e agregam valor ao atendimento.

Coloque-se sempre no lugar do cliente. Entre na sua organização como cliente. Sinta a experiência de ser cliente da própria organização.

É importante descobrir e estabelecer estratégias para assegurar que a comunicação atinja o alvo e reforce a cultura de serviço e expectativa de desempenho. A ausência de *feedback* pode fazer com que as pessoas deixem de lado seu comprometimento. Se deixarmos de lado as informações coletadas pelos funcionários, estaremos menosprezando a fonte de informação mais valiosa de que dispomos.

Todos os membros da equipe têm informações valiosas para compartilhar. Respeite as pessoas e modifique a forma de comunicação, para ir ao encontro das necessidades da sua equipe. As pessoas tratam os clientes do mesmo modo como são tratadas. Essa atitude resultará em mais ideias, mais energia e melhor resultado no longo prazo.

Isso tudo é possível se você tiver 100% de foco nas necessidades do cliente. Ouvindo o que ele quer, podemos oferecer o que ele deseja antes mesmo que ele peça.

Lição 3 – Exceda as expectativas

Exceder as expectativas é uma das principais estratégias da Disney. Isso é algo sempre possível de fazer, ao criar magia no ambiente de trabalho, oferecendo sempre um pouco mais do que os clientes querem, ou seja, criando experiências inesquecíveis para eles. Como relatei, para a Disney, atender as expectativas não é suficiente. É preciso ir além.

Por exemplo, todos os dias, nos parques da Disney, acontece o que eles chamam de "Parada das Três". É um desfile como o das nossas escolas de samba (nas quais, aliás, dizem que Walt Disney se inspirou para criar suas paradas), com todos os personagens de sonho e encantamento que habitam os parques. Certa vez, uma senhora, distraída, parou ao lado de uma colaboradora Disney e perguntou: "A que horas é a Parada das Três?" (a propósito, essa é uma das perguntas mais frequentes feitas no parque). A *cast member*, imediatamente, entendeu o conteúdo implícito da pergunta e respondeu: "Minha senhora, a parada passa por este ponto às 15h08, e o melhor lugar para assisti-la é embaixo daquela árvore, onde há uma sombra fresquinha e um degrau que vai facilitar sua visão".

Maravilhada com o atendimento, a senhora distraída agradeceu efusivamente. A *cast member* não apenas atendeu como excedeu suas expectativas, mesmo que isso tenha acontecido com uma simples resposta.

Outro fato muito curioso exemplifica bem o que é ir além. Uma menina carregava um ursinho de pelúcia que havia acabado de comprar em uma loja da Disney dentro do parque. Ela e a mãe atravessavam uma das ruas quando a menina deixou cair o ursinho. Sem perceber, um *cast member* que passava com uma máquina de varrer automática não conseguiu frear e passou por cima do brinquedo, atropelando o ursinho. Ele não foi embora pensando "Ora, isso não é problema meu", ou apenas pediu desculpas. Vendo a menina chorar, parou a máquina, desceu, pegou (o que restava) o ursinho e disse: "Vamos levá-lo para a enfermaria!".

A menina, assustada, parou de chorar e seguiu com os pais o fantástico *cast member*. Na enfermaria, ele conversou com a enfermeira, que mandou alguém ir até a lojinha buscar um novo ursinho para a menina. Seria pouco, porque, claro, ela queria o "dela". Entregar o ursinho novo seria o que faria um funcionário comum, mas a enfermeira faz parte do seleto grupo de profissionais extraordinários da Disney. O que ela fez?

Antes de entregar o urso à menina, a enfermeira enfaixou o braço e a perna do urso com gaze e esparadrapo. Quando entregou o ursinho, ela ainda disse: "Nós cuidamos dele, e ele vai ficar bom!". A Disney, que gastou no máximo 25 dólares para satisfazer aquela pequena *convidada*, com absoluta certeza, terá um retorno imenso com isso. A menina vai voltar mil vezes, a mãe vai contar a todos os vizinhos, amigos e parentes.

Não estou dizendo aqui para as empresas comprarem ursos para seus clientes, mas que transponham para a própria realidade a ideia de exceder expectativas.

É importante entender o que, de fato, sua organização fornece aos clientes. Em outras palavras, qual é o impacto emocional que seu produto ou serviço proporciona, como faz isso, para quem e com que meios. Pense em termos de como seus serviços são vistos. Por exemplo, a Disney declara-se da seguinte maneira: "Nós proporcionamos felicidade, oferecendo o melhor entretenimento para as pessoas de todas as idades em todos os lugares". A FedEx, empresa mundial de entregas, diz: "Nós oferecemos paz de espírito ao fazer as entregas de nossos clientes sempre no horário". Um hospital cardiológico de Indiana, Estados Unidos, declara-se assim: "Nós criamos um ambiente de confiança, entendimento profundo e esperança por meio de assistência cardiovascular individualizada, respeito e compaixão por todos os pacientes". Uma organização proporciona felicidade, outra paz de espírito e outra confiança. Observe que são valores e experiências, e não produtos ou serviços.

Sempre tenha em mente que todos são *vips*, ou seja, únicos e importantes. Nunca deve haver discriminação; o tratamento deve ser sempre igual e qualificado. E isso começa com a equipe. Tratando a equipe dessa maneira, ela vai tratar os clientes assim. Considere sempre que todos são importantes, começando pelos colaboradores. Se eles se sentirem importantes, como parte do negócio, farão seu cliente externo se envolver nessa excelência.

Se todos os itens acontecerem, você vai ter o comprometimento e a dedicação deles, e esse estilo mágico vai acontecer. É claro que haverá falhas e erros, mas vai haver cada dia mais crescimento ao criar esse mundo de magia e excelência. O mais importante é aprender com os erros e as falhas. Uma falha só é realmente uma falha se você não aprendeu nada com ela.

Lição 4 – Cuide obsessivamente dos detalhes

Cuidar de detalhes também é uma maneira de exceder as expectativas dos clientes e gerar qualidade acima da média. Walt Disney deixou isso claro e todos acreditavam que esse

88 • O poder da atitude

era o segredo do seu sucesso. Preocupe-se obsessivamente com todos os detalhes, pois isso faz a diferença no resultado dos negócios.

Há tantos detalhes na Disney, que um livro apenas não seria suficiente para descrevê-los. Vou dar aqui alguns exemplos. Os personagens da Disney que estão nos parques e nos *resorts* abaixam-se para interagir com as crianças, ficam no nível delas, olham nos olhos. Isso é um detalhe que faz a diferença, pois proporciona envolvimento.

Todos os dias, na Disney, depois que o parque fecha, uma equipe de pintura aparece, repintando e retocando o parque todo, ou seja, a Disney é repintada todas as noites. Isso acontece desde que Walt Disney falou: "Todos os dias quero que seja a inauguração do parque". E realmente os parques estão sempre novos.

Na Disney, eles querem sempre criar uma conexão emocional. Se estiver comemorando alguma coisa, como seu aniversário, por exemplo, você ganha um *bottom*, ou seja, um broche, no qual se lê o que você está comemorando. Quando você o usa, todos os *cast members* vão cumprimentá-lo e até proporcionar algo especial. Um exemplo aconteceu comigo. Eu estava comemorando meu aniversário de casamento e meu filho, o aniversário de 2 anos. Estávamos com nossos *bottons*. Estava muito calor e eu tinha um ventilador de mão movido a pilha. Lá pelas tantas, as pilhas acabaram e entrei em uma loja para comprar novas. Pedi novas pilhas para a vendedora e, ao ver meu *bottom*, ela não foi apenas buscar pilhas para me entregar. Ela pegou o ventilador, trocou as pilhas, e, na hora de pagar, disse que não seria nada porque aquele seria um presente pela minha comemoração. Ela já tinha excedido minha expectativa ao trocar as pilhas, e excedeu mais ainda oferecendo-as como presente.

Outro exemplo de detalhe acontece com os *cast members* que se vestem de personagens. Como faz muito calor, imaginamos que é muito incômodo usar aquela fantasia. Para isso, os *cast members* ficam no máximo 20 minutos circulando fantasiados, para não passar calor nem se cansar, revezando depois com outro *cast member*. Assim, a mesma energia e o mesmo pique são mantidos o dia todo.

Cuidar de detalhes é algo que traz resultados palpáveis indiretos mas também diretos. Eu mesmo fui envolvido na magia e na excelência e gastei bastante por causa de uma experiência. Uma vez, entrei em uma loja da Disney com meu filho. Os brinquedos de crianças pequenas ficam embaixo, obviamente, para que os pequenos alcancem-nos. Meu filho entrou e começou a fazer a maior bagunça, tirando tudo da prateleira. Comecei a dar bronca e a mandar pôr tudo no lugar, já bravo. Eis que surge um *cast member* e me diz: "Não se preocupe, eu ajudo a guardar, e também cuido de seu filho. Pode fazer suas compras tranquilamente". Achei fantástico aquele gesto. Gastei mais de 500 dólares naquela loja em produtos. Se eu ficasse bravo e levasse meu filho dali, não gastaria aquela quantia. Graças ao *cast member*, que teve uma atitude simples e cordial, a loja faturou mais.

Mais um exemplo do cuidado com detalhes é a tinta usada no carrossel do Magic Kingdom. Cada parte dourada do carrossel é pintada com tinta à base de pó de ouro de 23 quilates. Não é tinta dourada, mas tinta de ouro mesmo, de 23 quilates! Dificilmente as crianças ou seus pais percebem a diferen-

90 • O poder da atitude

ça entre tinta dourada e tinta de ouro. Então por que é feita de ouro? Os diretores do parque explicam: porque todos os membros do elenco sabem que se trata de tinta de pó de ouro e isso é importante para eles. "É apenas uma das maneiras de fazer com que saibam que, quando se trata de nossos convidados, não impomos limites naquilo que fazemos". A tinta de ouro é um lembrete para os membros do elenco de que nossos convidados são o que há de mais importante. Às vezes, limpar o carrossel não é uma tarefa agradável, e precisamos lembrar do motivo pelo qual o fazemos: pelas crianças e pelos convidados. A tinta de ouro é um símbolo muito importante. "O ouro lembra que cuidamos dos equipamentos, das instalações, dos locais frequentados pelos clientes, porque eles são o verdadeiro ouro, a razão pela qual pertencemos a uma organização bem-sucedida. Se não fosse por eles, não existiríamos.

Se você fizer pequenos gestos como esse, sua empresa ganhará muito. Toda vez que um cliente entra em contato com sua organização, você tem a oportunidade de criar valor cuidando dos mínimos detalhes.

Lição 5 – Celebre cada sucesso

Não importa qual é a meta que você tenha, grande ou pequena. Celebre todas, desde a primeira. Seu sorriso contamina os clientes. Envolva as pessoas nessa magia e faça com que elas comprem de você.

Eu, particularmente, tenho um sino para celebrar resultados na ABTD. Isso contagia. Isso faz com que todos se envolvam em um processo intenso e traz cada vez mais resultados para todos.

Seja lá qual for o seu cargo ou sua atividade, você pode colaborar com a implantação do atendimento de excelência na sua organização e levar com você esse aprendizado sobre atendimento para o resto da vida: isso, com certeza, vai torná-lo muito mais bem avaliado onde quer que se desenrole sua história profissional.

Celebre os resultados sempre. A energia positiva que vem de uma celebração se espalha e contamina todos que estão em volta. A energia de cada vitória ajuda a enfrentar a próxima batalha.

Em alguns parques da Disney, todas as noites, antes de fechar, há sempre um grande *show* com queima de fogos por cerca de 15 minutos. Todos os dias. É como um grande *réveillon*, como a entrada de um ano-novo. Todo dia é motivo para comemorar, pois todo o trabalho vale a pena.

Não perca a chance de celebrar suas conquistas, vitórias e superações. Isso alimenta a organização, a equipe e contamina os clientes, pois, acima de tudo, é uma diversão poder participar sempre de uma festa.

É claro que nós não somos perfeitos, mas é passo a passo que isso poderá caminhar para uma situação cada vez mais perto do ideal. Segundo o Disney Institute, "o engajamento ocorre quando os funcionários assumem sua parcela de responsabilidade pelo desempenho do negócio. Quando o poder de decisão chega até eles, aumenta seu senso de responsabilidade e eles passam a tomar iniciativas pelo bem de todos. Assim, os colaboradores terão orgulho daquilo que ajudam a produzir".

Você pode concluir agora, sem ajuda de mais ninguém, por que a Disney tem um sucesso indiscutível e estrondoso. Rea-

92 • O poder da atitude

lize um atendimento mais do que bom, um atendimento que excede, que encanta o cliente, agrega valor aos seus produtos e aos seus negócios. Isso trará um impacto indiscutível nos resultados e só pode ser realizado por colaboradores extraordinários. Siga o bom exemplo da Disney:

- Tenha a certeza de onde quer chegar antes mesmo de começar.
- Pense sempre nos mínimos detalhes.
- Mantenha o bom humor e o alto astral.
- Acredite no seu líder ou, se for líder, acredite na sua equipe.
- Engaje-se totalmente no trabalho.
- Tenha boa vontade acima de tudo.
- Seja capaz de antecipar os problemas e auxiliar na resolução.
- Faça qualquer coisa em qualquer lugar, sempre que for preciso.
- Expulse de sua cabeça para sempre a frase letal "isso não é problema meu".
- Lembre-se de que todos os problemas são de todos.
- Renove-se todos os dias.

Exercícios práticos

Exercício prático da lição 1

Use o poder da história

- Como você pode contar a história da origem da sua organização?
- Como você pode transmitir a missão, a visão e os valores da organização para colaboradores e clientes?
- Imagine que tudo em sua organização mostra entusiasmo. Como ela seria?
- Pense em uma coisa que pode ser mudada para que saia melhor na demonstração de entusiasmo.
- Como você pode transmitir crenças aos outros colaboradores?

Exercício prático da lição 2

Antecipe-se aos problemas

- Como você pode usar seus ouvidos para detectar a satisfação dos clientes?
- Como você pode tornar o processo de *feedback* mais criativo e divertido?
- Como você pode melhorar seu tempo de reação aos problemas?
- Como você pode se tornar mais ágil na antecipação aos problemas do cliente?

94 • O poder da atitude

Exercício prático da lição 3

Exceda as expectativas

- O que você acha que seu cliente pensa de você quando ele vai embora?
- O que você percebe que frustra seu cliente?
- Quais barreiras seu cliente deve transpor para fazer negócio com você?
- Quais ações e comportamentos seus afetam a experiência do seu cliente?
- Pergunte a seus clientes e colaboradores o que eles propõem para melhorar seu negócio.
- Lembre-se de alguma situação em que você ficou impressionado com o nível do serviço que recebeu. Como isso elevou sua expectativa com relação a outras organizações?
- Em comparação com as demais, como têm sido os serviços prestados por sua organização?

Exercício prático da lição 4

Cuide obsessivamente dos detalhes

- Que detalhes poderiam ser aprimorados para fazer com que os clientes voltem sempre?
- Que detalhes no ambiente de trabalho poderiam ter o mesmo cuidado que os da Disney?

- Lembre-se da tinta dourada no carrossel da Disney. Que mensagens estão sendo enviadas a seus colaboradores quanto ao valor do cliente?
- Tendo em mente o valor das coisas invisíveis, de que maneira você poderia lembrar os colaboradores de que os clientes valem ouro?

Exercício prático da lição 5

Celebre cada sucesso

- Com que frequência um bom desempenho passa sem reconhecimento na sua organização?
- O que pode ser comemorado diária, semanal e mensalmente em sua organização?
- Como você pode parabenizar os diferentes colaboradores das diversas áreas em cada conquista?

Exercício prático final

Este é um exercício inicial para introduzir conceito de excelência. Essas formas traduzem o atendimento que hoje você oferece na sua organização.

Escreva como é o seu atendimento formulando frases que terminem com adjetivos. Se você for gestor, diga como sua equipe atende seu cliente hoje. Detalhe como é esse atendimento.

Por exemplo: se você é atendente de loja, pode escrever:

96 • O poder da atitude

- Recebe cliente _____.
- Dá boas-vindas _____.
- Oferece produtos _____.

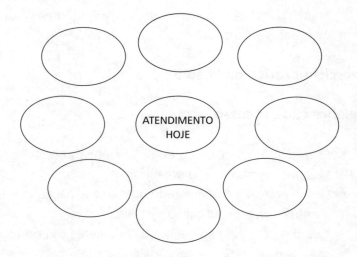

Em um segundo momento, descreva algo que vai mudar esse atendimento, o que fazer para exceder expectativas. Pense nos exemplos da Disney oferecidos neste livro. Por exemplo:

- Oferecer café e bala.
- Dar um brinde etc.

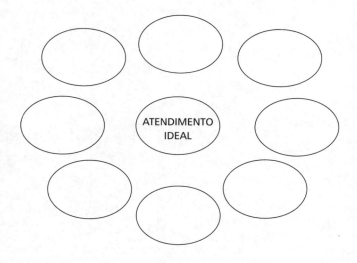

Fonte: *Disney Institute*

Capítulo

5

O time dos colaboradores
de excelência

Não há como transformar clientes em fãs sem um time de excelência, como já foi mostrado até agora. Por isso, concentrarei agora as informações em como ter, buscar, manter e desenvolver colaboradores extraordinários.

São as atitudes das pessoas que definem seu sucesso, que levam à conquista e permitem manter o que foi conquistado. A maior carência no mundo profissional é de atitude. As pessoas sabem o que têm de fazer, mas não fazem.

Com isso em mente, o profissional extraordinário não para, não estagna, mas evolui, pois sabe que suas vitórias, assim como seus limites, são determinados por ele mesmo. Eu digo que um profissional extraordinário pode ser reconhecido por ser triplo A. E é disso que falarei a seguir.

100 • O poder da atitude

O profissional extraordinário é triplo A

Um profissional triplo A é aquele que tem bem trabalhadas três competências e qualidades que fazem parte do modo de ser de uma pessoa de sucesso: ambição, autoconfiança e audácia. A razão pela qual o mercado busca o profissional triplo A é porque ele provavelmente se tornará um "extraordinário" nos quadros da organização.

Um profissional cresce com ambição, autoconfiança e audácia para correr atrás de metas, sonhos e sucesso.

Na bandeira da rica cidade de São Paulo está escrito: "Não sou conduzido, conduzo". Esse é o pensamento de um triplo A. Essa frase simples e forte traduz a ambição de ser independente, a autoconfiança de que é capaz de andar com as próprias pernas e a audácia de querer sempre ser o maior e possuir mais seguidores e admiradores.

Ambição

Ambição é querer algo e ir atrás para conseguir. Profissionais extraordinários têm pensamentos ambiciosos, por isso não se acomodam, nunca estão satisfeitos com seu atual estágio profissional, buscam metas cada vez mais audaciosas e novos desafios que os levem além do que já conquistaram.

Quando falo sobre ambição, gosto muito de citar Mark Twain: "Mantenha-se afastado das pessoas que tentam depreciar sua ambição. Pessoas pequenas sempre fazem isso, mas as realmente grandes fazem você sentir que também pode se tornar grande".

Muita gente considera a ambição algo negativo. Eu digo que ela é necessária em determinado grau, e a falta dela é algo pior que o excesso. O profissional que não ambiciona coisa alguma em geral não tem iniciativa e muito menos perspectivas de crescer. Dessa forma, não dá o melhor de si.

A ambição é a vontade sadia de ter mais, de crescer financeiramente, de expandir os horizontes profissionalmente, de adquirir bens, direitos ou poder. Entretanto, não está relacionada apenas a ganhar dinheiro e poder, como é comum as pessoas pensarem. Ela é o desejo por realização pessoal, fornece a motivação e a determinação necessárias para atingir metas na vida, sejam elas pessoais ou profissionais. Pessoas ambiciosas procuram sempre ser as melhores naquilo que optam por fazer, realizar.

A ambição é uma qualidade, um valor presente nos líderes de sucesso. É um dos principais traços daquelas pessoas que surgem do nada e se destacam de todas as demais, cheias de segurança, confiança e energia. Quando ela é usada para buscar um ideal claro, desenvolve uma força especial em direção à meta. Cabe ao profissional extraordinário direcionar essa força para o bem, não só pessoal, mas de sua equipe, da organização e da sociedade como um todo.

A ambição é uma inquietação que nos move sempre para a frente e jamais nos deixa nos acomodar no lugar comum. Tornar-se extraordinário também vem, portanto, de uma inquietação que nos leva sempre a buscar melhorar nossos resultados profissionais.

Profissionais de sucesso constroem suas carreiras a partir da busca profissional intensa, associada à humildade pessoal. Sua orientação, portanto, não é egocêntrica, mas sim voltada para a construção do bem comum.

102 • O poder da atitude

Autoconfiança

Outro fator fundamental para o bom desenvolvimento de um profissional extraordinário é a autoconfiança. O que pensamos ser, o que podemos ou não, é o que nos leva ao sucesso ou nos derruba, levando ao fracasso.

Autoconfiança é acreditar que se pode alcançar o que se quer. Henry Ford afirmava: "Se você acredita que pode, ou se você acredita que não pode, de qualquer jeito estará certo". Ter autoconfiança é o primeiro passo para que outras pessoas confiem em você, e por isso é tão importante.

Quem tem autoconfiança sabe do que é capaz e acredita que consegue fazer. É inspirador estar ao lado de pessoas autoconfiantes, pois empunham a bandeira e levam todos juntos adiante.

A autoconfiança representa um dos pilares da autoestima. Refere-se sempre à competência pessoal, é uma medida da crença nas próprias habilidades. É a convicção que uma pessoa tem de ser capaz de fazer ou realizar algo.

O psiquiatra e escritor Raj Persaud, em seu livro *The motivated mind*, afirma que a verdadeira autoconfiança vem de uma atitude em que você promete a si mesmo que, não importam as dificuldades que a vida lhe apresente, você vai tentar com todas as suas forças ajudar a si mesmo.

O conceito de autoconfiança está ligado à sua segurança em seu julgamento pessoal, em sua capacidade, em seu potencial. Por essa razão, é muito importante ter a consciência de que algumas vezes seus esforços podem não resultar em sucesso e que muitas vezes você não será devidamente recompensado pelos seus esforços. Essa aceitação é o que vai

Alexandre Slivnik • 103

reforçar a confiança em si mesmo, até nos momentos mais difíceis.

Precisamos cuidar bem da autoconfiança. Muitas vezes, críticas sobre nossos projetos nos levam a abandonar nossas ideias porque desejamos que aqueles com quem compartilhamos nossos sonhos aprovem nossos planos.

A autoconfiança leva ao sucesso, mas é a preparação que leva à autoconfiança. A preparação se dá por meio de experiências vividas e bem aproveitadas. A autoconfiança depende muito das crenças que a pessoa tem sobre si e sobre o mundo, bem como da importância que ela dá aos outros. Por isso, você ganha forças, coragem e confiança a cada experiência em que enfrenta seus medos. O que significa que é muito importante estar sempre pronto para fazer exatamente aquilo que você pensa que não consegue.

Audácia

Audácia é arriscar ir em busca daquilo que se quer. A audácia leva você a explorar mundos completamente novos, a mostrar o melhor de si mesmo e não se sentir intimidado. Audaciosos são inovadores e arrojados, não hesitam em resolver problemas e reparar erros. Adicionam sempre novos fatos, novas variáveis e novas ideias às situações que representam desafios.

Ser audacioso significa, muitas vezes, desobedecer algumas coisas tidas como de bom-tom. Como afirmou o romancista e cineasta francês Jean Cocteau: "Nada existe de audacioso sem a desobediência às regras". Sem audácia, é muito difícil realizar seus sonhos e seus objetivos.

104 • O poder da atitude

Meu amigo Sergio Gomes contou-me uma história sobre o início de sua carreira em uma grande empresa. Nos primeiros dias de trabalho, ele precisou levar o presidente da empresa para o hangar do aeroporto, para um voo no jatinho particular. Ao chegar lá, Sergio deveria deixá-lo e voltar para a empresa. Contudo, por ser apaixonado por aviação, sem que ninguém percebesse, desceu do carro e antes que todos embarcassem entrou na aeronave para conhecê-la por dentro (audácia pura). De repente, Sergio percebeu que as pessoas estavam embarcando, inclusive o presidente da organização, e se escondeu na aeronave.

Durante os procedimentos de segurança, o piloto o descobriu e avisou o presidente, que inicialmente ficou indignado com aquela situação. O que Sergio fez? Assumiu a responsabilidade e disse que seria um sonho embarcar com ele naquela viagem. O presidente pediu que ele se retirasse e voltasse para a empresa, pois inicialmente considerou aquilo uma irresponsabilidade. Sergio voltou frustrado e, principalmente, preocupado em perder o emprego por sua atitude. Ao voltar de viagem, três dias depois, o presidente procurou Sergio, disse que pensou muito na atitude tomada por ele, cumprimentou-o pela audácia e aproveitou para fazer um convite: viajar com ele no dia seguinte! E foi assim que Sergio realizou a tão sonhada viagem.

O profissional audacioso, aquele que ousa, que é atrevido, é o que é capaz de propiciar inovação, mudança e, consequentemente, crescimento para as organizações. E é isso que elas querem. Esse é o profissional que se arrisca, faz, resolve. A audácia é uma das características fundamentais do profissional extraordinário.

O dicionário define audácia como arrojo, atrevimento, ousadia, valor pessoal, mas também diz que a audácia é o impulso da alma para atos difíceis ou perigosos.

Um profissional extraordinário é audacioso. Por isso, ele é ousado, não tem medo, não se limita por convenções. Muitas vezes também é insolente e pode até parecer presunçoso. No entanto, deve ser, acima de tudo, respeitoso. Tudo isso é parte de uma postura focada na busca por seus objetivos. O profissional audacioso está sempre disposto a empreender novas e ousadas aventuras. Enfrenta tudo com coragem e determinação. Assume os riscos envolvidos na busca de suas metas e os considera parte importante do seu aprendizado. Um profissional extraordinário é audacioso também quando precisa retomar por outro caminho, pois reconhece que pegou o caminho errado.

O profissional audacioso está imune aos vícios do sucesso. Isso porque ele sabe que, se permitir, o sucesso se tornará um forte inimigo do seu desenvolvimento. Em geral, o sucesso tende a nos levar à acomodação. Por exemplo, a audácia não permite que o profissional se limite ao cargo de gerente quando seu potencial é para ser diretor.

Alguém acomodado se daria por satisfeito por correr os cem metros rasos mais rápido que os colegas de aula, quando na verdade tem potencial para uma disputa olímpica. Isso não acontece com quem é audacioso.

O audacioso não se ilude com as vitórias. Ao contrário, encara-as como o ponto de partida para a próxima conquista, mas ele não é insaciável. É apenas consciente de tudo o que pode realizar. O audacioso sempre busca maneiras de liberar

106 • O poder da atitude

todo o seu potencial, porque sabe que foi criado para algo grandioso.

A melhor forma de alcançar todo seu potencial é lutar contra o comodismo. Buscar novas metas, inovar, investir em seus sonhos e se afastar de opositores e pessimistas já é um bom começo. Estar sempre aberto para aprender como atingir o sucesso.

Ser audacioso é um dos requisitos para se transformar no profissional extraordinário.

A medida certa do profissional triplo A

Como afirmou Paracelso, físico e botânico do século XVI: "Nada é veneno e tudo é veneno; a diferença está na dose". Isso não é diferente para as características do profissional extraordinário, o profissional com o perfil triplo A. Ambição, autoconfiança e audácia precisam ter a dose certa – do contrário também podem atrapalhar o desenvolvimento da carreira profissional.

A ambição em demasia pode se transformar em ganância, estimular o egocentrismo e cegar o profissional que, em vez de buscar sucesso conjunto, passará a focar apenas no sucesso individual. A ganância trabalha centrada no proveito próprio, enquanto a ambição sadia visa o bem comum. Profissionais gananciosos só visam o lucro e esquecem o desenvolvimento – e o pior: esquecem das pessoas.

Muitas pessoas confundem ambição com ganância e por isso não a olham com bons olhos. Contudo, a ganância é a ambição extremada, doentia, que usa até meios ilícitos para obter resultados.

Outro problema da ambição exagerada é que muitas vezes o profissional perde o senso da realidade e não percebe que cada coisa acontece dentro do seu tempo. Com isso, anseia por ver os resultados e pode pegar caminhos errados, inclusive antiéticos.

A autoconfiança excessiva pode tornar um profissional arrogante. Além da falta de humildade ser um grande defeito, que fecha muitas portas para o desenvolvimento profissional, ainda acentua os riscos por menosprezá-los. Situações como essas sempre trazem grandes estragos nas relações profissionais e pessoais.

A falta de humildade em uma pessoa dificulta a aceitação de opiniões alheias e trabalha contra seu aprendizado. O profissional do tipo extraordinário sabe que sempre há coisas para aprender e que ao ouvir seus pares pode evoluir.

Além disso, o excesso de autoconfiança pode gerar sobrecarga de atividades, pois na certeza de que "dá conta do recado", o profissional acaba acumulando várias tarefas, em vez de delegar atividades a seus colaboradores ou colegas.

A audácia exagerada pode induzir ao erro e, então, ser encarada como petulância e irresponsabilidade — comportamentos que não combinam com os profissionais que pretendem se tornar extraordinários.

Audácia em excesso é capaz de gerar problemas no ambiente de trabalho, principalmente quando se trata de hierarquia. Além disso, pode levar à impulsividade. Deixar-se dominar pela impulsividade não é algo saudável.

Uma combinação do excesso dessas três características pode resultar em um profissional que não ouve, não avalia

108 • O poder da atitude

consequências e tem pressa demais para a vida. Quem cresce muito rápido pode não desenvolver todas as competências necessárias para se manter no topo, e uma carreira que poderia ser de um extraordinário se perde pela má-formação e por bases mal construídas.

O sucesso alcançado pelos profissionais extraordinários está diretamente ligado ao fato de eles saberem equilibrar as medidas da autoconfiança, da audácia e da ambição. O extraordinário é, antes de tudo, um triplo A na medida certa.

O profissional que tem audácia, autoconfiança e ambição sempre realiza um trabalho criativo, que rende bons resultados para toda e qualquer organização. No entanto, o conceito de criatividade está mudando. Na Disney ele é tratado como um processo coletivo, com o qual todos colaboram. Nessa fantástica organização de entretenimento, há uma cultura colaborativa instalada, que obedece aos seguintes princípios:

1. Construir relacionamentos verdadeiros entre colaboradores e líderes.
2. Assegurar que todas as ideias possam ser expressas por todos honestamente e sem nenhum medo.
3. Produzir as melhores inovações utilizando os recursos disponíveis.

Essas regras ficam muito próximas do que já falamos sobre o ambicioso profissionalmente correto: é aquele que traz resultados e divide os méritos com a equipe.

Teste do triplo A

Preparei um teste para detectar se você ou alguma pessoa cujo perfil você queira conhecer é um triplo A. Pelas respostas, é possível identificar como a pessoa se comporta em relação à audácia, à ambição e à autoconfiança.

Teste do triplo A

Há quanto tempo você trabalha na organização em que está hoje?
O que você pode e vai fazer para crescer?
Como você se sente trabalhando lá?
O que você pode e vai fazer para melhorar esse sentimento?
Quanto você progrediu profissionalmente durante esse tempo de trabalho?
O que você pode e vai fazer para buscar maior progressão?
Você acredita que progrediu tudo o que poderia? Caso negativo, a que você atribui isso?
O que você pode e vai fazer para mudar?
Você se considera um profissional triplo A?
O que você pode e vai fazer a respeito disso?
Você tem ambição suficiente para ser um profissional triplo A?
O que você pode e vai fazer para trabalhar sua ambição?

110 • O poder da atitude

Você tem autoconfiança suficiente para ser um profissional triplo A?
O que você pode e vai fazer para trabalhar sua autoconfiança?
Você tem audácia suficiente para ser um profissional triplo A?
O que você pode e vai trabalhar sua audácia?

Capítulo 6

Os sete segredos do profissional extraordinário

Falo agora sobre como lapidar-se para tornar-se um profissional cada vez mais extraordinário. São passos práticos que podem ajudar a desenvolver os três aspectos do triplo A descritos no capítulo anterior. Novamente, pode ser aplicado a sua equipe, se você é um líder, ou a você mesmo, se é um profissional em busca de desenvolvimento. É útil para avaliar o grau de cada membro de seu time, para que você trabalhe a fim de que ele chegue à excelência.

1º Segredo: Autoconhecimento e alinhamento de carreira

É preciso buscar o autoconhecimento para exercitar pontos fortes e amenizar pontos fracos, alinhando sobre esse patamar objetivos pessoais e profissionais. O que você realmente quer e pelo que está disposto a lutar? Qual é a sua meta de vida? Quais são seus sonhos?

112 • O poder da atitude

É preciso que você encontre sua missão e tenha claro quais são seus valores para planejar como vai atingir o centro do alvo. Refletir sobre suas ações, fazer uma autoavaliação constante e, principalmente, ouvir com atenção o que as pessoas repetem sobre você são ações fundamentais para alcançar o sucesso. Se você tem ouvido com muita frequência as pessoas repetirem: "Você é muito teimoso", "você precisa ouvir mais as pessoas" ou "trate de acreditar mais em você", talvez o que elas dizem seja verdade.

Buscar *feedbacks* de pessoas que você respeita e, em especial, daquelas que servem de modelo para a sua jornada para o sucesso é uma prática de grande valor para seu crescimento.

Busque responder com frequência a perguntas como:

- Quem sou eu?
- O que busco?
- Quais são as minhas qualidades?
- O que tenho de melhorar?
- Como quero ser conhecido?
- O que estou fazendo para alcançar o sucesso?
- O que posso fazer e ainda não fiz?

Utilize os formulários a seguir para ajudá-lo a organizar sua avaliação. Responda às perguntas de modo sucinto. Depois assinale no quadro à direita o que sente a respeito de cada item avaliado:

Pergunta	Resposta	Eu gostaria de mudar isso?	
		Sim	Não
Que profissional sou eu?			
O que busco?			
Quais são minhas qualidades?			
O que tenho de melhorar?			
Como quero ser conhecido?			
Qual é minha essência?			
Quais são meus princípios?			
Quais são meus valores?			
Tenho clara e descrita qual é minha missão de vida?			
Por que trabalho?			
Qual é minha visão de futuro?			
Quais são minhas competências?			
Quais são meus pontos fortes?			
Quais são meus pontos fracos?			
Acredito no meu potencial?			
Quais são meus talentos?			
Quais são os problemas que resolvo para meus clientes?			
O que estou fazendo para alcançar o sucesso?			
O que posso fazer e que ainda não estou fazendo?			

114 • O poder da atitude

Com base nas respostas anteriores, planeje sua rota de voo. Preste atenção especial aos itens que você assinalou para mudar. Pense sobre como poderia modificá-los de modo que você avance mais rapidamente para o topo. Direcione suas energias para isso!

Utilize o formulário a seguir como auxiliar da construção de seu plano de vida. Você pode também abordar um objetivo por vez e, para cada objetivo, preencher uma tabela isolada. Nesse caso, a união de todas as tabelas desenhará seu plano de voo.

Pergunta	Resposta
Qual é o objetivo que você quer atingir nos próximos cinco anos? (Seja específico)	
Por quê?	
Que competências serão necessárias para atingir suas metas?	
Que problemas você precisará resolver?	
Relacione três experiências de vida que vão ajudá-lo a superar as dificuldades.	
Resuma seu plano de ação em cinco passos efetivos para atingir sua meta.	
Qual é o primeiro passo?	

Tenha seu plano de vida sempre bem definido e atualizado. Deixe-o sempre próximo a você e estude-o regularmente, pense e mude-o quando necessário. Lute para conquistar tudo o que planejou. O sucesso é o tesouro a ser encontrado, mas é você quem desenha o mapa até ele! Seja, a partir de agora, o cartógrafo do seu destino!

2º Segredo: Coerência nas ações

Deseja ser admirado por suas ações? Então use meios éticos para alcançar o sucesso e seja coerente com tudo de bom em que você acredita e espalha pela vida afora. Para ser coerente é preciso ter convicção – foi para isso que fizemos o primeiro exercício, de reflexão e autoavaliação. Se você foi sincero na hora em que buscou descobrir quem você é, não terá dificuldade em ser coerente nas suas ações.

Lembre-se: não é porque um chefe lhe dá uma ordem que vai contra seus princípios que você deve aceitá-la. Se fizer isso, não estará sendo coerente. Se for contra quem você é, contra aquilo em que acredita, não alcançará o sucesso e, se alcançar, provavelmente ele não será duradouro ou satisfatório. Para que seus resultados sejam sustentáveis, seu sucesso precisa sempre ser coerente com sua essência.

Agora, utilize o formulário a seguir para perceber a coerência entre quem você é e quais são suas ações. Sinta se há necessidade de fazer ajustes.

Pergunta	Coerência		
	Sim ou não?	Se "sim", o que preciso reforçar?	Se "não", o que preciso melhorar?
Minhas ações estão de acordo com aquilo que realmente gosto de fazer?			
Ajo de acordo com meus desejos mais legítimos?			
Ajo de acordo com o que entendo ser ética?			

Pergunta	Coerência		
	Sim ou não?	Se "sim", o que preciso reforçar?	Se "não", o que preciso melhorar?
Ajo de acordo com as metas que me motivam?			
Minhas ações proporcionam autonomia?			
Minhas ações estão de acordo com meu modo de ver as coisas?			
Minhas ações estão de acordo com aquilo em que acredito?			
Minhas ações estão de acordo com meus princípios e valores?			
Minhas ações levam a resultados duradouros?			

Se você percebeu alguma necessidade de ajustes entre quem você é e o que vem fazendo, faça-os antes de prosseguir seu caminho para a excelência, para se tornar uma pessoa e um profissional extraordinário.

3º Segredo: Base de crenças e de atitudes

Uma vez que você se conhece, tem convicção de seus valores, sabe para aonde quer ir, construa uma base de crenças e atitudes para ajudá-lo a superar os obstáculos, passar pelos momentos difíceis, e que o favoreça a tornar-se um profissional extraordinário.

Entre as atitudes principais que você deve adotar está a de manter-se em movimento sempre, na direção de seus objetivos. Parado em um só lugar o vento até poderá tocar em seu rosto, trazendo o perfume do sucesso, mas esse doce aroma passará e o sucesso continuará longe.

É preciso acreditar que você é capaz de crescer e construir com orgulho seu caminho. Faça de suas atitudes a razão pelas quais as pessoas se orgulham de conhecê-lo.

Costumo dizer que para que alguém se torne um profissional extraordinário, essa pessoa precisa ter basicamente quatro características: querer ser, acreditar que pode ser, preparar-se para ser e empenhar-se e persistir para ser. Suas crenças e atitudes devem estar direcionadas para isso, quando o seu objetivo é a excelência.

Querer ser

Boa parte das pessoas que entrevistei em minha pesquisa (64%) respondeu que não quer se tornar um "profissional insubstituível". Quando a pessoa não quer se destacar, a primeira coisa a ser feita é mudar sua atitude. Veja este exemplo:

Em um dos treinamentos que organizei na filial brasileira de uma multinacional britânica, conheci um operador de máquinas chamado Ricardo. O trabalho dele era embalar as caixas que tinham acabado de sair da linha de produção. Tinha de embalar dez caixas por minuto. E se limitava a fazer apenas isso.

Por não ter grandes ambições na vida, ele nunca foi atrás de atualização profissional. Sempre achava que aquela vida de "empacotador" estava ótima e que não precisava fazer grandes esforços para se manter naquela posição "confortável", que não exigia muito esforço ou grandes raciocínios.

118 • O poder da atitude

Conversei com ele durante um processo de avaliação. O que ele pensava? "Sou um colaborador bom, falto pouco, não converso com ninguém, faço meu trabalho, fico aqui no meu cantinho e não incomodo ninguém... Aqui estou seguro e com meu emprego garantido".

Alguns meses depois, fiquei sabendo que a organização havia trazido do exterior uma máquina embaladora robotizada, que reduziria o custo dessa operação em 47%. O que aconteceu com Ricardo? Por não ter se destacado nos últimos anos e ter sido um profissional "morno", foi demitido, sem a menor possibilidade de recolocação interna.

Acreditar que pode ser

Outro ponto bastante preocupante nos resultados da minha pesquisa: apenas 41% das pessoas afirmaram ter potencial para ser insubstituíveis e extraordinárias. Se você não acredita, não pode fazer.

Certo dia, ministrando uma palestra em uma grande organização de telefonia, registrei outro caso bastante ilustrativo: Fábio, operador de telemarketing, odiava a organização em que trabalhava, principalmente o ambiente e os colegas de trabalho. Isso ficou muito evidente na conversa que tive com ele. Sempre afirmava que trabalhava lá por necessidade e por precisar do dinheiro no final do mês. Dizia que seu futuro não era naquela organização, mas nada fazia para mudar esse panorama. Não acreditava que poderia evoluir como profissional, crescer na organização e fazer uma diferença significativa na sua carreira.

Depois de muitos anos enrolando na organização e, principalmente, sabotando a própria vida, Fábio foi demitido e, para surpresa de todos, ficou feliz – afinal, poderia ficar quatro meses em casa sem trabalhar, recebendo o seguro-desemprego.

Como o caso me interessava para efeito de análise de comportamento profissional, procurei acompanhar seu processo de volta ao mercado de trabalho. Contudo, ele ficou esperando o tempo passar, apenas aguardando por uma eventual proposta de trabalho, "que cairia do céu, no colo dele". Não investiu em nenhum curso de aprimoramento profissional nesse tempo, porque não se sentia capaz de melhorar sua colocação e não acreditava que um simples curso faria diferença. Tinha se conformado com a ideia de que não tinha talento para coisa nenhuma em especial.

Obviamente, com esse perfil passivo e descrente, Fábio só saiu em busca de novo emprego quando o seguro e o dinheiro acabaram. Por onde anda Fábio, após todos esses anos? Talvez ainda pulando de emprego em emprego, aceitando o que aparece, por não acreditar que pode se tornar um profissional extraordinário.

Preparar-se para ser

Entre as atitudes necessárias para se tornar um profissional extraordinário está a de preparar-se para ser um deles. Essa preparação envolve vários fatores, porém é importante lembrar sempre que duas das principais qualidades necessárias a esses profissionais são o conhecimento e a experiência. Também é necessária qualificação técnica renovada. Buscar sua atualização continuamente garante que ele esteja mais bem preparado para os desafios e dessa forma não perca as oportunidades. No entanto, atenção: atualização não é somente

120 • O poder da atitude

fazer cursos. Atualização é também se informar por meio de livros, revistas, jornais, notícias, pesquisas na internet e até nas rodas de *networking* com profissionais extraordinários. Sua busca pela qualificação deve ser, acima de tudo, comportamental, afinal, o que diferencia um profissional de sucesso é a sua atitude (comportamento puro).

O problema aqui é que muitos profissionais não se preparam para ser extraordinários. Não investem no desenvolvimento de seu potencial e ficam à margem do sucesso. Não avançam, permanecem sentados à beira do caminho. Quem não se prepara não se torna extraordinário. Quem estagna se torna dispensável.

Empenhar-se e persistir para ser

Qual é a diferença mais gritante entre aqueles que alcançam o sucesso e aqueles que não conseguem? Persistência, planejamento, proatividade, vontade de vencer e ação. Acredito que uma frase de Aristóteles nos ajude a refletir sobre isso: "Nós somos aquilo que fazemos repetidamente. Excelência, então, não é um modo de agir, mas um hábito".

O que isso quer dizer? Que se buscarmos continuamente e trabalharmos dando nosso melhor sempre, seremos extraordinários. Da mesma forma que se repetidamente nos acomodarmos e deixarmos a vida passar, morreremos sem ter feito nada de bom.

Um exemplo bastante conhecido, mas que merece ser lembrado, é a história de um dos políticos mais famosos do mundo. Ele montou um negócio em 1831, mas não deu certo. Foi derrotado na candidatura a vereador em 1832. Fracassou em outro negócio em 1834. A noiva faleceu em 1835. Teve um

Alexandre Slivnik • 121

ataque de nervos em 1836. Foi derrotado em outra eleição em 1838. Foi derrotado para o Congresso em 1843. Foi derrotado para o Congresso em 1846. Foi derrotado para o Congresso em 1848. Foi derrotado para o Senado em 1855. Foi derrotado para a vice-presidência em 1856. Foi derrotado para o Senado em 1858. Foi eleito presidente da República dos Estados Unidos em 1860. Seu nome? Abraham Lincoln.

Lincoln tinha um potencial verdadeiro para ser extraordinário — tanto que se mostrou um deles, sendo um dos mais importantes presidentes na história dos Estados Unidos. Contudo se tivesse desistido na primeira derrota, no primeiro golpe do destino, quem saberia de seu potencial?

Se ele desistisse, teria privado todos dessa lição de persistência e determinação, características dos extraordinários.

Para ver quanto você está pronto para empreender esse processo, avalie os seguintes itens e busque alternativas quando necessário:

Pergunta	Sua base de crenças e de querer		
	1.Nada 2.Pouco 3.Médio 4.Muito	Acredito que posso melhorar nesse ponto? (SIM ou NÃO)	Em que preciso/ posso melhorar?
Quanto você **quer** ser extraordinário?			
Quanto você **acredita** que pode ser extraordinário?			
Quanto você tem de se **preparar** para ser extraordinário?			

122 • O poder da atitude

Quanto você tem de se **empenhar** para ser extraordinário?			
Quanto você tem de **persistir** para ser extraordinário?			
Quanto você tem de lutar para **sustentar e realizar seus sonhos?**			
Quanto você tem de se esforçar para retomar **seus sonhos** deixados para trás?			
Quanto você tem de se esforçar para retomar **suas metas** abandonadas?			
Quanto você é capaz de **resgatar seus sonhos** de criança?			
Quanto você compreende e aceita que não existe vida pessoal e vida profissional separadas: que **o que existe é somente vida?**			
Quanto você busca **qualidade na sua vida?**			
Quanto você tem de aprimorar sua **atitude proativa?**			
Quanto você é **protagonista** da sua história?			

Quanto você trabalha com **positividade?**			
Quanto você trabalha com **foco naquilo que deseja** e não no que não quer?			
Quanto você **suporta** as pressões?			

Queira ser um profissional extraordinário. Somente um querer claro, determinado, intenso e embasado em suas crenças construtivas e em suas atitudes proativas pode dar início a um processo que o levará a se tornar extraordinário.

4º Segredo: Adequação e *timing*

Avalie o ambiente no qual você está inserido profissionalmente e perceba quais são suas reais possibilidades de crescer, se permanecer nele. Não se prenda. Não se amarre a uma organização se, após avaliá-la, perceber que não há possibilidades de crescer. Não é apenas crescer em cargos, mas o mais importante é se desenvolver profissionalmente. Você pode e deve continuar mantendo relações com seus colegas, pois os contatos são um excelente meio de conseguir uma recolocação profissional, mas deve ter a liberdade de mudar de organização sempre que sentir necessário. Não prenda ou empenhe suas forças em coisas em que não acredita.

Levando em conta a organização na qual você trabalha, a seguir dê notas de 4 a 8 para cada afirmação. A nota 4 significa que você discorda totalmente da afirmativa proposta. A nota 8 significa que você concorda totalmente com ela.

Afirmativa	Nota
Meus princípios e valores são compatíveis com os da organização.	
A organização tem o que busco para minha realização profissional.	
Cada nova função me ajuda a alcançar minhas metas.	
Esta organização tem tudo o que espero de uma empresa.	
Gosto do trabalho que faço.	
Na organização tenho suporte para sustentar meus sonhos e objetivos pessoais.	
Posso contribuir para melhorar as condições de trabalho nesta organização.	
Posso fazer uma grande diferença na organização em que trabalho.	
Sempre posso contribuir para a melhora dos resultados nesta organização.	
Sinto-me parte da equipe nesta organização.	
Tenho a liberdade de mudar e sugerir o que for preciso dentro da organização.	
Tenho consciência da minha importância como profissional.	
Tenho plena possibilidade de crescimento nesta organização.	
Tenho possibilidade de chegar ao cargo que almejo.	
Trabalho em um ambiente propício para incentivar minha criatividade, minha capacidade de crescer e de apresentar mudanças.	
SOMA DAS NOTAS	

Avalie seu resultado:

Acima de 100 pontos: você trabalha em uma organização bastante favorável ao seu desenvolvimento profissional. Procure aproveitar todas as oportunidades de crescimento que surgirem.

Entre 80 e 100 pontos: você trabalha em uma organização que não é a ideal para os seus objetivos, mas que lhe permite fazer mudanças para melhorá-la. Eis aí um bom desafio para a sua determinação de crescer dentro da sua atual organização.

Abaixo de 80 pontos: você está em uma organização que, dentro das suas expectativas, pode não contribuir para o seu crescimento e que não dará abertura para você fazer mudanças nesse cenário. Uma boa opção, nesse caso, é conversar com seus gestores e, até mesmo, se necessário, mudar de emprego, mas agora usando essas ferramentas e alinhando suas expectativas, seus princípios e seus valores com os da sua futura organização.

Ter atitude é decidir o que é bom para você e o que não é. As chances de sucesso estão espalhadas no mercado e quem procura e se agarra a elas alcança o futuro que planeja. Quando a mudança de emprego se mostrar necessária, existem alguns cuidados que você deve tomar, para tornar essa mudança menos dramática e mais proveitosa:

- Aceite que mudar não é fácil, mas muitas vezes é necessário.
- Esteja disposto a encarar o desconforto de mudar.
- Busque um ambiente que apresente desafios.
- Busque organizações que valorizem o ser humano e seu potencial.
- Mapeie as ações necessárias para atingir seus objetivos.
- Priorize e estabeleça prazos para cada ação.

Torne-se uma pessoa com paixões, virtudes, alegrias e entusiasmo, que se apliquem a tudo o que você vive e faz. Iniciando com esse perfil em uma organização promissora, seus caminhos para se tornar extraordinário estarão totalmente abertos.

126 • O poder da atitude

5º Segredo: Relacionamentos favoráveis

Contatos são fundamentais, mas é importante cativá-los e deixar com eles uma imagem de profissional extraordinário. Não adianta você conhecer alguém que possa lhe indicar para uma boa vaga de emprego, se essa pessoa não vê em você um profissional sério, capaz, dedicado e com vontade de vencer.

Mostre suas qualidades, suas habilidades e suas realizações, sem ser arrogante. Compartilhe e comemore seus sucessos com seus amigos e colegas, pois isso ajudará a divulgar suas conquistas. Ajude também aos outros. Não construímos nada sozinhos, e nenhum tempo é perdido quando ajudamos alguém.

Construa amizades e relações positivas e sinceras. Crie relacionamentos favoráveis e evite inimizades. Se não for por motivos mais nobres, pelo menos que seja por conveniência. Afinal nunca se sabe quando você vai precisar de alguém no momento de dar um passo importante na carreira. Aquela pessoa com quem você nunca se deu bem, eventualmente, poderá ser a pessoa entre você e a porta do sucesso.

Eis aqui algumas regrinhas básicas para criar bons relacionamentos e construir uma boa imagem:

- Alie-se a quem está no caminho que você quer seguir ou a quem já passou por ele e conquistou lugares mais altos.
- Aprenda a delegar tarefas. Confie em seus colaboradores.
- Busque pessoas com experiências positivas para compartilhar.
- Busque sempre inovar, fazer diferente, fazer melhor.

- Converse com o presidente. Ele é sempre um ótimo referencial.
- Evite ser o profissional bonzinho, que nada questiona e aceita tudo o que lhe é imposto.
- Mostre o valor do seu trabalho, apontando resultados.
- Não terceirize responsabilidades. Responda sempre pelo seu trabalho.
- Realize suas tarefas com a produtividade que é necessária. Faça a gestão do seu tempo.
- Tenha a coragem de enfrentar e resolver problemas.
- Saiba se antecipar e resolver problemas. Antecipando, você encontrará as melhores soluções e a tempo de evitar complicações.
- Tenha alguém que possa ajudá-lo a chegar aonde você quer ir. Sempre é bom ter quem abra as portas certas.
- Tenha determinação, vontade e garra. Esses são os ingredientes básicos do sucesso.
- Trabalhe em equipe, comemore em equipe, divida as glórias com seus colaboradores.
- Vá além do que é possível. Não desista sem dar vários passos a mais do que a maioria.
- Trabalhe sua paciência e sua cordialidade e tenha interesse legítimo pelas pessoas, pois serão suas grandes aliadas.

6º Segredo: Conexão e atualização

Use todos os meios acessíveis para mostrar seu trabalho e firmar seu nome como uma marca. O mundo está conectado e você precisa fazer parte dessa rede. Muitas empresas já anunciam vagas por meio de redes sociais e buscam conhecer seus

128 • O poder da atitude

candidatos pelo mesmo meio. Isso significa que você precisa estar on-line e mostrar a que veio.

Atualize-se constantemente. Não saiba apenas sobre sua área, mas busque também ampliar seus conhecimentos em áreas afins, ainda que de forma genérica.

Para isso, você deve constantemente estudar e refletir sobre as mudanças e os acontecimentos no mundo. Esteja "plugado" e focado em assuntos relativos ao seu desenvolvimento e seu crescimento acontecerá. Participe de discussões on-line e firme sua posição entre os melhores.

Procure se interessar por outras áreas, para ampliar sua visão de negócios. Fale com pessoas com quem nunca falou, para ampliar suas possibilidades. Busque o conhecimento com a mesma sede com a qual busca o sucesso. Mantenha-se em rede com os mestres na sua área de interesse, através da internet. Enriqueça suas possibilidades.

Pesquisas demonstram que o principal meio efetivo de contratação é a indicação. A Right Management aponta que 70% das contratações são resultado de um bom *networking*. Já a Pesquisa dos Executivos, realizada pela Catho Online, aponta que a indicação resulta em 59,4% das contratações, e que 70% dos executivos que ficaram desempregados buscaram um novo emprego por meio do *networking*.

Tenha alguém com quem aprender, mas de preferência que seja também alguém que possa ajudar você a crescer e subir em sua carreira. Escolha cuidadosamente um padrinho e mentor e comece a trabalhar e a aprender com ele. Faça questão de escolher alguém que seja extraordinário.

Aqueles que se aliam a grandes profissionais conseguem abrir as portas para melhores oportunidades. Portanto, procure não desperdiçar suas chances de fazer bons contatos. Certifique-se de estar sempre entre os melhores.

Observe sempre se o seu mentor conquistou o que ele está querendo ensinar você a conquistar.

Se alguém em quem você se baseia mostra que não é um bom exemplo profissional a ser seguido, então mude de referencial. Não se contente com nada menos que o melhor. Pratique, já na escolha de seu mentor, a atitude de um verdadeiro profissional extraordinário.

Estar "plugado" é estar conectado com o mundo. É ampliar a extensão de suas possibilidades e ir além do que seus concorrentes se atrevem a ir. É usar tudo o que está disponível para alavancar os resultados na sua carreira.

7º Segredo: Rota em constante ajuste

A busca do equilíbrio é um dos fatores que mais contribuem para o crescimento profissional. O balanço entre os diversos aspectos de sua vida – físico, mental, profissional, espiritual – é determinante para uma jornada de sucesso, não apenas profissional, mas na vida como um todo.

Desafie-se sempre! Ajuste seu foco:

- Busque conhecimento e reflexão por meio de diferentes leituras.
- Busque melhorar sempre (não se contente com o que você já sabe).

130 • O poder da atitude

- Ouça e busque bons conselhos; analise tudo.
- Busque participar de eventos da sua área e também de outras áreas de interesse.
- Participe e seja ativo em redes sociais, novidades e atualidades da sua área e sobre negócios, novas tecnologias e assuntos relacionados ao seu trabalho.
- Faça contatos e aumente seu *networking*, dentro e fora da internet.
- Questione sempre. Aprenda com os relacionamentos.
- Estude a biografia das pessoas que são sua referência.
- Entenda as mentes mais poderosas do mundo.
- Invista em treinamento, desenvolvimento e aprimoramento pessoal, para criar mais alternativas de formação e atualização profissional.
- Treine para avançar na sua carreira (psicológica, mental, técnica, física e espiritualmente).

Na sequência, proponho um teste para avaliar se existe alguma correção que você precisa fazer em sua rota rumo à excelência.

No quadro a seguir, preencha com:

1 – se você **concorda** com a afirmação.

0 – se você **não concorda** com a afirmação

Afirmativa	Nota
Para chegar a ser um profissional extraordinário, em muitos casos é preciso submeter-se a um acompanhamento psicológico profissional. Por exemplo, é preciso fazer psicoterapia.	
Desenvolver a sensibilidade artística ajuda a se tornar um profissional extraordinário.	
O profissional extraordinário trabalha sempre seus medos e inseguranças. Ele transforma seus medos em desafios e oportunidades.	
A orientação de mestres, coaches e profissionais de sucesso ajuda a construir uma carreira extraordinária.	
Sair da zona de conforto e entrar na zona da coragem é condição essencial para se tornar um profissional extraordinário.	
Fazer autoavaliação constantemente ajuda a estruturar a carreira do profissional extraordinário.	
Pedir feedbacks sobre o seu trabalho para pessoas que você admira, e que comprovadamente têm sucesso, ajuda a construir seu sucesso.	
Para chegar a ser um profissional extraordinário é importante ter metas inovadoras, únicas e diferenciadas.	
O profissional extraordinário pauta suas ações pela ética e pela solidariedade.	
Rever com frequência suas metas e definir quais ações você terá de empreender para realizá-las gera mais motivação para alcançá-las.	
SOMA DAS NOTAS	

Avalie seu resultado:

Entre 8 e 10 pontos: você tem todas as características necessárias para estar na rota certa. Siga em frente, mas não se descuide: avalie sempre seu rumo, para garantir o sucesso.

Entre 5 e 7 pontos: você tem grande chance de ter pegado um desvio pelo caminho. Ainda é um erro pequeno, mas precisa ser corrigido logo, antes que se amplie. Contudo, você tem as condições necessárias para fazer essa correção.

Menos de 5 pontos: você saiu da rota e ainda não se deu conta. Pare e reavalie todos os seus procedimentos antes de prosseguir. Uma correção de rota é vital nesse momento.

Capítulo 7

Seja extraordinário

O número 1

O verdadeiro campeão busca sempre a vitória. Isso é o que importa. Essa é a mentalidade que você deve manter, para se tornar um vencedor. Ayrton Senna dizia: "O importante é competir? Isso é pura demagogia! O importante mesmo é ganhar! O que eu quero é resultado, o que eu quero são vitórias!".

Ainda que estar entre os três primeiros lhe garanta uma foto no pódio, se você não buscar sempre ser o primeiro, outros passarão você. Se hoje você se contentar em apenas participar da corrida, talvez nunca alcance um lugar de destaque.

Não focar na vitória é um pensamento fraco. É um pensamento de perdedor. Isso é desculpa! Porque se depois de uma derrota alguém pensa que "o importante é competir", então não vai trabalhar tudo o que pode para chegar mais longe, para ser o primeiro.

134 • O poder da atitude

Quando se tem um pensamento focado em "o importante é ganhar", você trabalha para ter resultados. Vai dar o seu melhor e lutar pela primeira colocação, vai treinar cada vez mais e seu futuro será grandioso.

Você não será o número 1 em tudo o que fizer, mas quanto mais tiver isso como meta, mais perto poderá chegar dos seus objetivos. Determine-se a alcançar o topo, pois ainda que porventura não o alcance, chegará cada vez mais alto. É repetindo ações focadas na vitória, com determinação e foco, que você cresce e melhora seus resultados.

Acredite que o que você busca é possível, acredite que é capaz de fazer acontecer. Essa confiança será sua principal aliada na busca pelo topo.

Trace uma rota e direcione sua jornada. Desenhe seu mapa para o sucesso. Escreva as coordenadas e siga-as.

Assuma responsabilidades

Assumir responsabilidades no ambiente de trabalho tem dois aspectos distintos: o primeiro diz respeito a assumir novos empreendimentos, novas incumbências que lhe são atribuídas. O segundo se refere a assumir a autoria sobre tudo o que você faz e suas consequências, ou por aquilo que deixa de fazer e as consequências dessa omissão.

No primeiro caso, cabe ao profissional se preparar adequadamente para estar à altura – técnica e pessoalmente – de encarar esses novos desafios. No segundo caso, trata-se de responder com responsabilidade pelas consequências de suas decisões e ações.

De qualquer maneira, as duas possibilidades devem fazer parte do modo de pensar e agir de um profissional que deseja se tornar extraordinário. Responsabilidade profissional normalmente se refere à ideia de que uma pessoa tem obrigação moral de assumir certas situações. Em se tratando de um ambiente de trabalho e de assuntos ligados a ele, mais do que a obrigação moral, o profissional tem o dever de responder por tudo o que fez ou deixou de fazer.

No entanto, ter o dever de se responsabilizar não significa que todo mundo o faça. Por isso, é exatamente entre os profissionais responsáveis que surgem os extraordinários. Onde muitos profissionais se omitem, os que se apresentam para solucionar as questões da organização são os que progridem.

Um profissional responsável é capaz de refletir sobre uma situação em xeque, formar ideias sobre quais seriam as ações cabíveis a ela e levar adiante aquelas ações. Ser responsável é a obrigação de qualquer cidadão para uma vida saudável em sociedade. No ambiente profissional, isso não é diferente. E tem ainda a vantagem de que o fato de alguém pensar e agir com responsabilidade o coloca acima do nível da maioria, o que o ajuda a ser notado nos momentos decisivos de sua carreira.

Os grandes avanços da humanidade foram provocados por homens que assumiram a responsabilidade de fazer alguma diferença no mundo. É por isso que seguimos evoluindo.

Apenas aqueles que assumem seus erros podem se tornar aprendizes deles e evoluir com isso. Uma situação totalmente diferente daqueles que simplesmente buscam pessoas a quem culpar. Uma pessoa de sucesso está muito mais preocupada em determinar onde falhou, para criar elementos para que o problema não se repita.

136 • O poder da atitude

É preciso enxergar que suas atitudes, suas ações e seu nível de comprometimento com a organização em que trabalha e com sua imagem profissional são os diferenciais que o levarão ao sucesso... Ou não!

É claro que assumir responsabilidades gera medo, insegurança e riscos, mas é só por meio da ação responsável que alcançamos as vitórias. O medo deve ser usado como impulsionador de sua busca pela superação. O risco deve ser o atrativo para o sucesso. Não perdemos o medo, mas devemos enfrentá-lo, se quisermos evoluir.

Tenha sempre o propósito e a intenção de assumir suas responsabilidades. Quando você tem um problema, tem duas alternativas: ou você assume esse problema, assume essa responsabilidade e o enfrenta, para que possa resolvê-lo, ou simplesmente se esconde atrás de alguma proteção e, com isso, abrirá mão da oportunidade de crescimento.

Mesmo nas situações em que você não tem uma responsabilidade direta pelos resultados, sempre é interessante que avalie o que poderia ter sido feito de modo diferente, para que a situação não saísse de controle. Tudo isso é o aprendizado que forma o profissional extraordinário.

Estar preparado para assumir responsabilidades quer dizer estar preparado para tentar, para se deixar errar ou acertar. Quer dizer, dar a si mesmo possibilidades de crescer.

Pratique as qualidades valorizadas

Tão importante quanto conquistar a posição de extraordinário é manter essa posição, fazer a manutenção do seu sucesso. Para isso, a atualização dos seus conhecimentos deve ser contínua, pois o mundo não para e a cada dia evolui mais rápido. É preciso rever sempre os antigos conceitos e as metas.

Além disso, quanto mais alto chegamos, mais alto queremos ir – é aí que também mudam nossas relações e nossas responsabilidades e surge a necessidade de sempre cuidar dos relacionamentos.

Um profissional extraordinário, ou um candidato a ser um, deve cultivar sempre as qualidades essenciais para o seu progresso dentro da organização em que trabalha. Em sua pauta deverão estar sempre itens como:

Capacitação e atualização técnica específica. O extraordinário nunca se considera bom o suficiente. Ele sabe que sempre há o que aprender, em especial em uma realidade dinâmica como a de hoje. Portanto, você precisa estar sempre aberto às novidades de sua área ou de áreas relacionadas.

Cultivo de bons valores. Você precisa ancorar sempre seus atos e planejamentos em uma percepção apurada e na valorização correta do bom caráter e dos bons valores. A ética precisa ser sempre a pauta de tudo o que você faz. Além do mais, é preciso que seus valores estejam alinhados com os valores da sua organização.

Domínio da Internet e redes sociais. Você precisa estar bem relacionado também fora do ambiente da sua organização e ligado nas mudanças que acontecem no mundo e que tenham a ver com sua área de atuação.

Abertura às mudanças. O profissional extraordinário sabe que estar aberto para as mudanças é sempre uma vantagem, pois a mudança gera conhecimento e experiência.

138 • O poder da atitude

Informação. Os profissionais extraordinários costumam ser o ponto de referência na organização quando o assunto está relacionado à sua área. Você precisa ser sempre aquele profissional que amplia a visão dos demais quanto aos problemas que surgem.

Posição de destaque. O profissional extraordinário sempre está disposto a fazer mais do que se espera que ele faça.

Qualidade acima de tudo. Você não pode querer apenas fazer o que tem de ser feito. Você precisa querer ser sempre a melhor opção para seus clientes.

Rapidez. Você precisa fazer benfeito e fazer rapidamente. A rapidez eficiente é indispensável para a competitividade.

Incentivo aos colaboradores. O profissional extraordinário deve se tornar mestre na habilidade de incentivar os outros para obter resultados excepcionais.

Visão realista. Você precisa sempre trabalhar com base na realidade. E agir com determinação e propósito definido, com relação a ela.

Visão do conjunto. A visão do todo proporciona a você condições de decidir melhor sobre seu trabalho. Com a compreensão de como sua atividade influi nos resultados da organização, é possível decidir e atuar com precisão e eficiência.

Tenha essas qualidades em mente e procure observar como um profissional faz uso delas.

O melhor caminho para a excelência é a definição, em sua vida, de propósitos claros de contribuição e trabalho em conjunto, para que o mundo à sua volta se torne ainda melhor. Além de incentivar seus colaboradores para a ação correta, ainda é preciso ter a humildade para entender que a equipe coesa, focada em um mesmo propósito, é a que obtém os melhores resultados.

Quero deixar para você uma frase maravilhosa de Mario Sergio Cortella, doutor em Educação, que sempre me inspira muito. Ela fala de humildade e, ao mesmo tempo, da força do profissional extraordinário: "Sei que sozinho não farei, mas sei que sem mim não será feito".

Construa já o seu sucesso

A diferença entre o sucesso e o fracasso é muito menor do que a maioria das pessoas imagina. Um pequeno desvio no caminho pode levá-lo a um destino totalmente diferente do que você pretende. E existem muitos fatores que podem ser responsáveis por esses pequenos enganos que fazem tanta diferença nos seus resultados.

Um dos grandes fatores que pode fazer com que você ponha sua vida a perder é achar que pode ter sucesso em uma área de sua vida, mas negligenciar os outros setores. Para conseguir sucesso duradouro, é preciso manter todas as áreas de sua vida em equilíbrio. É preciso cultivar o sucesso em todas elas.

Outro ponto importante a considerar é que as pessoas que alcançam o sucesso e atingem seus objetivos têm pelo menos dez características positivas: motivação, foco, iniciativa, inteligência emocional, ética, comprometimento, resiliência, criatividade, persistência e busca constante por autodesenvolvimento.

Outro fator que considero particularmente importante para você chegar a ser um profissional extraordinário é a ação. Não

140 • O poder da atitude

importa quanto você saiba dos seus objetivos, o caminho que deve seguir, o ponto aonde quer chegar, como você pode se deslocar até lá, se você não der o primeiro passo, depois o segundo, e assim por diante. Nada vai acontecer se você não partir efetivamente para a ação na busca da sua excelência. Acredite no poder da atitude.

Por que estou dizendo isso? Veja: segunda-feira é o dia mundial do início da dieta e de matrícula em academias. O dia 1º de cada ano é o dia mundial das promessas: de parar de fumar, de passar a correr todos os dias, de isso, de aquilo. Contudo, sabe o que acontece? Nada!... Absolutamente nada.

O que isso significa? Que quando você toma uma decisão para começar amanhã, você não tem certeza de sua escolha ou não tem determinação para agir. E sem certeza e determinação você não segue em frente.

Então, comece agora mesmo. Dê o primeiro passo, tome suas primeiras providências e tenha as primeiras atitudes de vencedor. Entre elas está "não adiar seu sucesso". Não tomar uma atitude hoje pode lhe custar o futuro. A cada dia centenas de oportunidades são criadas no mundo e centenas de oportunidades são perdidas por aqueles que ficam esperando, que não tomam rapidamente as rédeas da própria vida.

Ao acordar, tomamos nossa primeira e mais importante decisão do dia: sorrir e escolher um dia muito bom, no qual nenhuma adversidade estragará nosso humor, ou fechar a cara e criar uma barreira entre você e o mundo. Ao escolher, avalie que cada decisão levará você para um caminho diferente. Em um deles está o sucesso.

Palavras finais

Extraordinários fazem o mundo melhor

Os extraordinários nos negócios revolucionam o modo como as coisas são feitas. Mudam a maneira de pensar do mundo e buscam novas soluções para problemas antigos. Fazem as coisas de forma diferente e se destacam da multidão. Podem chegar aonde quiserem com seu trabalho e com suas ideias.

Tudo o que alcançamos na vida é baseado nos desafios que encontramos e nas decisões que tomamos diante deles. E quando um obstáculo é colocado em nosso caminho, a escolha é encará-lo e seguir em frente, e mudar tudo aquilo que incomoda. Temos a liberdade de escolher, a opção de mudar sempre e a chance de fazer nossa estrela brilhar.

Os extraordinários controlam seus medos e os usam os extraordinários a seu favor, em vez de deixar que atrapalhem seus planos e destruam seus sonhos. Você sabe que é o responsável e o interessado em fazer sua vida acontecer com sucesso.

142 • O poder da atitude

Você é capaz de potencializar suas qualidades para alcançar o êxito. É capaz de trabalhar de maneira que possa aproveitar seus talentos para gerar mais e melhores resultados. Além disso, você sempre pode fazer tudo de modo coerente com o que pensa e acredita.

Extraordinários são pessoas especiais, porque buscam sua essência, seguem seus valores e batalham por seus objetivos. Essas pessoas trilham seu caminho, fazem suas escolhas e alcançam seus objetivos. Têm uma trajetória única, moldada pelo seu jeito único de ser. São donos de uma aura de extraordinária, o que os destaca da multidão. Gosto muito de um texto do publicitário Nizan Guanaes, que para mim expressa bem o espírito de ser extraordinário:

"Não paute sua vida, nem sua carreira, pelo dinheiro. Ame seu ofício com todo o coração. Persiga fazer o melhor. Seja fascinado pelo realizar, que o dinheiro virá como consequência. (...) Geralmente, os que só pensam nele [no dinheiro] não o ganham, porque são incapazes de sonhar. Tudo o que fica pronto na vida foi construído antes na alma. (...) Cada homem foi feito para fazer história. Todo homem é um milagre e traz em si uma evolução, que é mais do que sexo ou dinheiro. Você foi criado para construir pirâmides e versos, descobrir continentes e mundos e caminhar sempre com um saco de interrogações na mão e uma caixa de possibilidades na outra. Faça, erre, tente, falhe, lute. Mas, por favor, não jogue fora, acomodando-se, a extraordinária oportunidade de ter vivido."

Potencialize seus pontos fortes e alcance confiança, força interior e segurança para ser capaz de exercer seus talentos de maneira extraordinária e provocar as mudanças necessárias à sua volta.

Ultrapasse barreiras, transforme sua vida, torne-se cada vez mais bem-sucedido, alcance seus objetivos e realize seus sonhos. Nunca abra mão da própria vida por não ter coragem de enfrentar seus desafios. Acredite nas pessoas e na importância de cada um.

Somos talentos únicos e podemos alcançar o sucesso trabalhando para o desenvolvimento de nossas competências. Somos extraordinários e tudo o que precisamos é aprender a manifestar essa qualidade no mundo.

O mundo precisa de extraordinários. O mundo precisa ser um lugar melhor. Precisa de mais gente que transforme sonhos em realidade.

Desejo que você seja a próxima pessoa que vai fazer a diferença por estar vivo aqui e agora. Bem-vindo ao mundo dos extraordinários!

Para encerrar, um texto, é claro, de Walt Disney:

E assim, depois de muito esperar,
num dia como outro qualquer decidi triunfar.
Decidi não esperar as oportunidades,
mas eu mesmo ir buscá-las.
Decidi ver cada problema como uma oportunidade de encontrar uma solução.
Decidi ver cada deserto como uma possibilidade de encontrar um oásis.

144 • O poder da atitude

Decidi ver cada noite como um mistério a resolver.
Decidi ver cada dia como uma oportunidade de ser feliz.
Naquele dia descobri que meu único rival.
Não era mais que minhas próprias limitações.
E que enfrentá-las era a única e a melhor forma de superá-las.
Naquele dia descobri que eu não era o melhor e que talvez nunca tivesse sido.
Deixei de me importar com quem ganha ou perde.
Agora me importa simplesmente saber melhor o que fazer.
Aprendi que o difícil não é chegar lá em cima, e sim deixar de subir.
Aprendi que o melhor triunfo é poder chamar alguém de "amigo".
Descobri que o amor é mais que um simples estado de enamoramento.
O amor é uma filosofia de vida.
Naquele dia, deixei de ser um reflexo dos meus escassos triunfos do passado.
E passei a ser uma tênue luz no presente.
Aprendi que de nada serve ser luz se não iluminar o caminho dos demais.
Naquele dia, decidi trocar tantas coisas...
Naquele dia, aprendi que os sonhos existem para se tornar realidade.
E desde aquele dia já não durmo para descansar.
Simplesmente durmo para sonhar.

WALT DISNEY

Referências bibliográficas

LIVROS

CARMELLO, Eduardo. *Resiliência – A transformação como ferramenta para construir empresas de valor*. São Paulo: Gente, 2008.

CASTRO, Alfredo Pires de. *Zapp! Em ação*. Rio de Janeiro: Campus, 1994.

CAXITO, Fabiano. *Trabalho é sofrimento?* São Paulo: Editora Escala, 2011.

COCKERELL, Lee. *Criando magia*. Rio de Janeiro: Editora Sextante, 2009.

CONNELLAN, Tom. *Nos bastidores da Disney*. São Paulo: Saraiva, 2010.

COSTA, Alexandre Tadeu da. *Uma trufa e 1.000 lojas depois*. São Paulo: Alaúde, 2010.

COVEY, Stephen R. *Grande trabalho, grande carreira*. Osasco: Novo Século Editora, 2011.

DAVENPORT, Thomas O. *Capital humano – O que é e porque as pessoas investem nele*. São Paulo: Nobel, 2001.

146 • O poder da atitude

DISNEY INSTITUTE. O *jeito Disney de encantar os clientes*. São Paulo: Saraiva, 2011.

_____; KINNI, Theodore; STAGGS, Tom. *Be our guest*. Orlando: Disney Editions, 2011.

DRUCKER, Peter. O *melhor de Peter Drucker* – O *homem*. São Paulo: Nobel, 2001.

FERNANDES, Francisco. *Dicionário Brasileiro Globo*. Editora Globo: São Paulo, 2003.

GABLER, Neal. *Walt Disney: O triunfo da imaginação americana*. Osasco: Novo Século Editora, 2009.

GARDNER, Chris. À procura da felicidade. São Paulo: Editora Novo Conceito, 2011.

GLADWELL, Malcolm. *Fora de Série – Outliers*. Rio de Janeiro: Sextante, 2008.

HILSDORF, Carlos. *Atitudes vencedoras*. São Paulo: Senac São Paulo, 2010.

JUSTUS, Roberto. *Construindo uma vida – Trajetória profissional, negócios e O Aprendiz*. São Paulo: Larousse do Brasil, 2006.

LOPES, Rafael Francisco; LEISER, Tatiane Corrêa. *Mesa Cativa: o que faz profissionais permanecerem por mais de trinta anos em uma organização*. São Paulo: Universidade Anhembi Morumbi, 2010.

MILIONI, Benedito. *Carreira profissional vencedora*. São Paulo: Qualitymark, 2000.

NADER, Ginha. A *magia do império* Disney. São Paulo: Senac São Paulo, 2009.

PERSAUD, Raj. *The motivated mind*. Bantam Press. 2005.

SHINYASHIKI, Roberto. *Tudo ou nada*. São Paulo: Gente, 2006.

_____. *Problemas? Oba!* São Paulo: Gente, 2011.

TOFFLER, Alvin. O *choque do futuro*. Rio de Janeiro: Editora Artenova, 1972.

TOMANINI, Cláudio. *Na trilha do sucesso*: vença num mercado que caminha com você, sem você ou apesar de você. São Paulo: Editora Gente, 2009.

WONG, Robert. O *sucesso está no equilíbrio*. Rio de Janeiro: Elsevier, 2006.

TESES, DISSERTAÇÕES E ARTIGOS DE PERIÓDICOS CIENTÍFICOS

ALONSO, Viviana. Poder: por que alguns têm e outros não. HSM *Management*. São Paulo: Editora HSM, jul./ago. 2011.

AQUINO, Ruth de. Precisamos acabar com o complexo de vira-lata. *Época*. São Paulo: Editora Globo, 15 mar. 2010.

BUENO, Denise. Segure como puder. *Você* RH. São Paulo: Editora Abril, jul./ago. 2011.

CHEROBINO, Vinicius. Válvulas de escape. *Melhor*. São Paulo: Editora Segmento, jun. 2011.

COHEN, David; CID, Thiago. Dá para ser feliz no trabalho? *Época*. São Paulo: Editora Globo, 13 jul. 2009.

CORNACHIONE, Daniella. Trabalhar causa tristeza? *Época*. São Paulo: Editora Globo, 8 ago. 2011.

FUCS, José Eike – O homem dos US$ 27,5 bilhões. *Época*. São Paulo: Editora Globo, 15 mar. 2010.

FULLER, Buckminster. Entrevista. *Playboy*, fevereiro de 1972.

GIARDINO, Andrea. O profissional que as empresas querem. *Você* S/A. São Paulo: Editora Abril, ed. 155, p.14-15, mai. 2011.

148 • O poder da atitude

LUPPA, Luis Paulo. O *profissional pit bull*: Por que algumas pessoas *têm sucesso e outras não*. Rio de Janeiro: Thomas Nelson Brasil, 2008.

MEIRELES, Maurício. A tradutora dos números. Época. São Paulo: Editora Globo, 10 mai. 2010.

MENDONÇA, Camila. A culpa é dele. *Você* S/A. São Paulo: Editora Abril, jul. 2011.

NETO, Julio Cruz. Tempo de colheita. *Pequenas Empresas & Grandes Negócios*. São Paulo: Editora Globo, jul. 2011.

OLIVEIRA, Anna Carolina. Ajuste na régua. *Você* RH. São Paulo: Editora Abril, jul./ago. 2011.

SENDIN, Tatiana. Ensaio sobre o obrigado. *Você* RH. São Paulo: Editora Abril, jul./ago. 2011.

TAUHATA, Sérgio. Empresário precisa estudar? *Pequenas Empresas & Grandes Negócios*. São Paulo: Editora Globo, jul. 2011.

TEIXEIRA, Alexandre. Quanto vale o estudo. Época Negócios. São Paulo: Editora Globo, jul. 2011.

TRIFILIO, Marley. O caminho do sucesso. *Vida Executiva*. São Paulo: Editora Símbolo, mai. 2006.

INTERNET, CD-ROM, PDF (E-TEXTOS)

ALBUQUERQUE, Francisco. Qual a sua missão? Administradores. 7 mar. 2010. Disponível em: <http://www.administradores.com.br/informe-se/artigos/qual-a-sua-missao/43031/>. Acessado em: 10 ago. 2011.

AMORIM, Daniela. Taxa de desemprego cai para 6,2% em junho. Estadao.com.br. 19 jul. 2011. Disponível em: <http://economia.estadao.com.br/noticias/economia+brasil,taxa-

-de-desemprego-cai-para-62-em-junho,76421,0.htm>.
Acessado em: 10 ago. 2011.

BLANCHARD, Ken. A importância do *feedback* para o sucesso profissional. Bazeggio. 12 abr. 2011. Disponível em: <http://bazeggio.com.br/blog/12-consultoria-de-pessoas--coaching/139-a-importancia-do-feedback-para-o-sucesso-profissional>. Acessado em: 6 ago. 2011.

BODSTEIN, Luiz Roberto. O mercado de trabalho da era da globalização. RH. 22 jan. 2002. Disponível em: <http://www.rh.com.br/Portal/Mudanca/Artigo/3237/o-mercado--de-trabalho-da-era-da-globalizacao.html>. Acessado em: 9 ago. 2011.

CANDELORO, Raúl. A diferença entre o sucesso e o fracasso. *Venda Mais*. 6 dez. 2009. Disponível em: <http://www.vendamais.com.br/ezines/509-a-diferenca-entre-o-sucesso-e-o--fracasso.html>. Acessado em: 5 ago. 2011.

CANZONEIRI, Ana Maria. A impulsividade atrapalha no dia a dia? Quantum Assessment. [S. d]. Disponível em:: <http://www.quantumassessment.com.br/quantum-lab/a-impulsividade-atrapalha-no-dia-a-dia>. Acessado em: 17 ago. 2011.

CARDOSO, Chirlei Rosa. Importância da autoconfiança para a carreira. Portal Administrativo. 6 abr. 2011. Disponível em:Disponível em:: <http://portaladministrativo.blogspot.com.br/2011/04/importancia-da-autoconfianca-para.html>. Acessado em: 12 ago. 2011.

CARDOZO, Julio Sergio. Quando é preciso dizer NÃO. *Administradores.com*. 18 mai. 2010. Disponível em:Disponível em:: <http://www.administradores.com.br/informe-se/artigos/

150 • O poder da atitude

quando-e-preciso-dizer-nao/44996/>. Acessado em: 15 ago. 2011.

CARVALHO, Luciana. Reter talentos será mais difícil em 2011, diz pesquisa. *Exame.com*. 28 fev. 2011. Disponível em:Disponível em:: <http://exame.abril.com.br/negocios/gestao/noticias/reter-talentos-sera-mais-dificil-em-2011--diz-pesquisa>. Acessado em: 29 jul. 2011.

CASELLA, Dill. Fatores de Retenção de Talentos. *Artigos.com*. 15 jul. 2008. Disponível em:Disponível em:: <http://www.artigos.com/artigos/sociais/administracao/lideranca/fatores-de-retencao-de-talentos-4175/artigo/>. Acessado em: 28 jul. 2011.

CELESTINO, Silvio. Talentos e o futuro de sua empresa. *Portal do marketing.com.br*. 23 set. 2007. Disponível em: <http://www.portaldomarketing.com.br/Artigos/Talentos_e_o_futuro_de_sua_empresa.htm>. Acessado em: 30 jul. 2011.

CHRISTÓVAM, Maria Carmem Tavares. Você é um profissional criativo?. *Administradores.com*. 15 jan. 2011. Disponível em: <http://www.administradores.com.br/informe-se/artigos/voce-e-um-profissional-criativo/51278/>. Acessado em: 15 ago. 2011.

COSTA, Evaldo. Se não for talentoso que seja habilidoso. O *gerente canais*. 26 jul. 2011. Disponível em: <http://ogerente.com.br/rede/carreira/como-alcancar-o-sucesso>. Acessado em: 6 ago. 2011.

COSTA, Simone do Nascimento da. Reter talentos: questão de visão de mercado. *Baguete®*. 2 set. 2008. Disponível em: <http://www.baguete.com.br/artigos/368/simone-do-nascimento-da-costa/02/09/2008/reter-talentos-questao-de--visao-de-mercado>. Acessado em: 28 jul. 2011.

Alexandre Slivnik • 151

COVEY, Stephen R. Vídeo com exemplo usado no livro *Liderança baseada em princípios*. Disponível em: <http://www.franklincovey.com.br/trim-tab.html>.

DINIZ, Arthur. Qual é a sua MISSÃO DE VIDA? Crescimentum. [S. d]. Disponível em: < http://www.crescimentum.com.br/home/Artigos/Missao-Visao/vencer_capa.pdf>. Acessado em: 10 ago. 2011.

DIZ, Carlos. Tenha um mentor. *Você* S/A. jun. 2002. Disponível em: <http://www.sapiensapiens.com.br/wp-content/uploads/61-atitudes-para-turbinar-sua-carreira.pdf>. Acessado em: 7 ago. 2011.

LIBERATO, Rivalcir. Empreendedores. [S. d]. Disponível em: <http://www.netmarkt.com.br/frases/empreendedores.html>. Acessado em: 8 ago. 2011.

ENTRINGER, Augusto. Formei. Por que ainda não consigo um emprego? O *gerente*. 24 mar 2010. Disponível em: <http://ogerente.com.br/rede/carreira/formatura-emprego>. Acessado em: 6 ago. 2011.

FAVA, Luiz Roberto. Nem pessoal, nem profissional. apenas... VIDA. O *gerente*. 22 ago. 2007. Disponível em: <http://www.library.com.br/qualidadevida/pg025.htm >. Acessado em: 2 ago. 2011.

FERREIRA, Douglas. Assumindo responsabilidades - O segredo do sucesso. Administradores. 20 jul. 2009. Disponível em: <http://www.administradores.com.br/informe-se/artigos/assumindo-responsabilidades-o-segredo-do-sucesso/32059/>. Acessado em: 14 ago. 2011.

LEISER, Tatiane. Catho Online lança nova pesquisa e destaca principais meios efetivos de contratação. *Catho Blog*.

19 jul 2011. Disponível em: <http://blog.catho.com. br/2011/07/19/catho-online-lanca-nova-pesquisa-e-desta-ca-principais-meios-efetivos-de-contratacao/>. Acessado em: 5 ago. 2011.

LEITE, Fernando. Ambição ou currículo básico? O *gerente*. 7 abr 2006. Disponível em: <http://www.ogerente.com.br/novo/ artigos_ler.php?canal=6&canallocal=27&canalsub2=85& id=35>. Acessado em: 12 ago. 2011.

MACEDO, Gutemberg B. Ambição: característica indispensável para o sucesso profissional. *Emprego Certo*. São Paulo, 8 nov. 2010. Disponível em: <http://empregocerto.uol.com. br/info/dicas/2010/11/08/ambicao-caracteristica-indispen-savel-para-o-sucesso-profissional.html#rmcl>. Acessado em: 24 jul. 2011.

_____.. Carreira - planejamento é essencial para o sucesso. *Emprego Certo*. São Paulo, 16 mai 2011. Disponível em: <http://empregocerto.uol.com.br/info/di-cas/2011/05/16/carreira--planeja-la-e-preciso.html>. Acessado em: 23 de jul. 2011.

MAIRINS, Simão. Gênios fracassados: por que pessoas talentosas não conseguem ter sucesso? *Administradores.com*. Paraíba, 13 ago. 2010. Disponível em: <http://www.admi-nistradores.com.br/informe-se/carreira-e-rh/genios-fracas-sados-por-que-pessoas-talentosas-nao-conseguem-ter--sucesso/36775/>. Acessado em: 24 jul. 2011.

MAMONA, Karla Santana. Conheça os 26 impulsionadores da motivação no mundo. *InfoMoney*. 10 dez 2009. Disponível em: <http://www.infomoney.com.br/financas/noti-cia/1736709>. Acessado em: 6 ago. 2011.

MANSO, Ursula Alonso. Perder para ganhar. *Você* RH [S. d].
Disponível em: <http://revistavocerh.abril.com.br/noticia/
especiais/conteudo_599648.shtml>. Acessado em: 1º ago.
2011.

MEDEIROS, Paula. Como são os profissionais que as empresas
querem contratar. Época *São Paulo*. São Paulo, 2004. Disponível em: <http://epoca.globo.com/sp/2004/vestibular/
capa04.htm>. Acessado em: 25 jul. 2011.

MELLO, Denis. Para chegar ao topo, alicerce a sua trajetória profissional. O gerente. 10 mai. 2011. Disponível em:
<http://ogerente.com.br/rede/carreira/sucesso-na-trajeto-
ria-profissional>. Acessado em: 6 ago. 2011.

MELLO, Fábio Bandeira de. 20 dicas de como fazer um *networking* vencedor. *Administradores.com*. 04 ago 2011. Disponível em: <http://www.administradores.com.br/informe-se/
carreira-e-rh/20-dicas-de-como-fazer-um-networking-ven-
cedor/46888/>. Acessado em: 10 ago. 2011.

MUSSAK, Eugênio. Deixa que eu faço!. *Vida Simples*. 13 jan
2004. Disponível em: http://vidasimples.abril.com.br/edico-
es/013/atitude/conteudo_238168.shtml, Acessado em: 14
ago. 2011.

PALÁCIOS, Juca. Como você quer ser reconhecido: "profissional talentoso" ou "carregador de piano"? *Administradores.
com*. 11 jul. 2010. Disponível em: <http://www.administra-
dores.com.br/informe-se/carreira-e-rh/como-voce-quer-
-ser-reconhecido-profissional-talentoso-ou-carregador-de-
-piano/34383/>. Acessado em: 31 jul. 2011.

PIOVAN, Ricardo. Não fale sobre problemas e sim sobre soluções. O *gerente*. 8 fev. 2011. Disponível em: <http://ogeren-

154 • O poder da atitude

te.com.br/rede/carreira/solucao-de-problemas>. Acessado em: 15 ago. 2011.

POLITO, Reinaldo. Aprenda a dizer "não". Algo sobre vestibular. [S. d]. Disponível em: <http://www.algosobre.com.br/carreira/aprenda-a-dizer-nao.html>. Acessado em: 15 ago. 2011.

QUEIROZ, Roberta. Quer crescer? Dê resultado. *Você* S/A. 1° out 2008. Disponível em: <http://vocesa.abril.com.br/desenvolva-sua-carreira/quer-crescer-resultado-536510.shtml>. Acessado em: 25 jul. 2011.

RAINHA, Caroline Silva. A importância da autoconfiança. Administradores. 13 jan 2011. Disponível em: <http://www.administradores.com.br/informe-se/artigos/a-importancia--da-autoconfianca/51244/>. Acessado em: 13 ago. 2011.

REGINA, Gilclér. A construção do sucesso!. O *gerente*. 07 dez 2010. Disponível em: <http://ogerente.com.br/rede/carreira/atitude-para-o-sucesso-profissional>. Acessado em: 6 ago. 2011.

SANTOS, Antônio Alves dos. Como se adaptar as mudanças no mercado de trabalho?. Administradores. 1° jul 2010. Disponível em: <http://www.administradores.com.br/informe-se/artigos/como-se-adaptar-as-mudancas-no-mercado-de--trabalho/46046/>. Acessado em: 9 ago. 2011.

SANTOS, Julio Cesar S. Uma breve análise sobre a ambição profissional. O *Artigo*. 2 mar. 2011. Disponível em: <http://www.oartigo.com/index.php?/carreira/uma-breve-analise--sobre-a-ambicao-profissional.html>. Acessado em: 12 ago. 2011.

SHOW, Cacau. Fábrica de chocolate. 3 set. 2008. *Veja.com*. Disponível em: <http://veja.abril.com.br/030908/p_106.shtml>.

SILVA, Adriano. Quem não é indispensável será dispensado... *Exame.com*. São Paulo, 27 set. 2010. Disponível em: < http:// exame.abril.com.br/rede-de-blogs/manual-do-executivo- -ingenuo/2010/09/27/quem-nao-e-indispensavel-sera-dis- pensado/>. Acessado em: 23 de jul. 2011.

SILVA, Maria do Rosário Martins. Poder pessoal – Mude sua vida!. RH*Central*. 31 ago. 2010. Disponível em: <http://www. rhcentral.com.br/blogs/gestao_pessoas/default.asp?view =archives&month=8&year=2010>. Acessado em: 7 ago. 2010.

SILVA, Sonia das Graças Oliveira. O comportamento dos pais e sua influência. *Artigonal*. 23 jun. 2008. Disponível em: < http://www.artigonal.com/ciencia-artigos/o-comportamen- to-dos-pais-e-sua-influencia-459262.html >. Acessado em: 6 ago. 2011.

STAUT, Antonio Luiz de Almeida. Pesquisa alerta: hora de in- vestir em práticas para retenção de talentos. Administra- dores. 3 mar. 2011. Disponível em: <http://www.eldevik. com.br/index.php?option=com_content&view=article& id=1451:pesquisa-alerta-hora-de-investir-em-praticas- -para-retencao-de-talentos-&catid=590:sugestoes- -de-pauta&Itemid=158>. Acessado em: 28 jul. 2011.

VALENTE, Gustavo. Porque é importante reter talentos?. Info&Negócios. 8 nov. 2010. Disponível em: < http://infoe- negocios.com/?p=550>. Acessado em: 27 jul. 2011.

VIANA, Cida. Tipos de Profissionais. Administradores. 22 ago. 2009. Disponível em: < http://www.administradores.com. br/informe-se/artigos/tipos-de-profissionais/33043/>. Acessado em: 3 ago. 2011.

WELCH, Jack. http://www.administradores.com.br/informe-se/
artigos/a-regra-20-70-10/20644/

XEYLA, Regina. Brasil tem a maior taxa empreendedora do G20
e do Bric. Sebrae. 26 abr 2011. Disponível em: <http://www.
agenciasebrae.com.br/noticia/11822282/geral/brasil-tem-
-a-maior-taxa-empreendedora-do-g20-e-do-bric/>. Acessado em: 9 ago. 2011.

Para ler o código abaixo, baixe em seu celular, *smartphone*, *tablet* ou computador um aplicativo para leitura de QR *code*. Abra o aplicativo, aponte a câmera de seu aparelho ou a *webcam* de seu computador para a imagem abaixo e acesse mais conteúdo sobre esta obra, que seria impossível constar em um livro de papel como este.

Este livro foi impresso pela Gráfica
Loyola em papel Polen Bold 70g em
fevereiro de 2022.